日本人がよく使う
何気ない言葉には、
「美しい生き方のヒント」
が隠されている。

哲学者 小川仁志

アスコム

はじめに

美しく生きるためのヒント

美しく生きるとはどういうことか？　これは性別を問わず当てはまることだと思いますが、素直に生きるということではないでしょうか。この世の中には色々な問題があります。いちいちそれに抗っていては、苦しいだけだと思います。

世界には様々な価値観があります。問題が起こるたびそれを克服しようと躍起になったり、反対に完全に目を背けたりということもあるでしょう。西洋的な価値観は割と前者の態度を取ることが多いように思います。

でも、だからといって必ずしもいい結果を生んでいるとはいえません。克服しようとする姿勢は不可避的に対立や摩擦を招来しますから。これに対して日本人の価値観は、古来、受動的なものであったように思います。

受動的というと消極的に聞こえるかもしれませんが、決してそうではないのです。私はこうした態度こそを素直さと表現しています。どうしようもないことに無理に抗うよりは、素直に従った方がうまくいくことがあります。そうして時機をうかがって、解決すべき時に解決すればいいのです。

その方がスマートですし、美しいとさえいえます。本文でも書いたように、だから日本人は、受け入れる、なる、従う、唱える、覚悟するといった態度をあえて取るのです。それはもう思想といっても過言ではないでしょう。

そうすることがいいと思っているからです。もちろんそれが思想だとか、問題解決の方法だなどとは思っていません。ただ、普段何気なくそういう言葉を使い、行動しているだけです。でも、そこに日本人の美しい生き方のヒントが隠されているのです。

コロナ禍以降、私たちにはどうしようもないことがたくさんあります。そんな時できるのは、美しく生きることだけなのでないでしょうか。これには二つの意味があります。一つは、すでに書いたように、素直に生きるという意味です。どうしようもないことは受け入れる。そのうえで、解決のためのタイミングをうかがうということです。本書ではそのために役立つ言葉をいくつか紹介しています。

もう一つは、凛として生きるということです。つまり、気を引き締めて、清々しく生きるということです。それを可能にするのは、単に素直に受け入れるということには収まらない、日本人の多様な生活の知恵にほかなりません。そうした知恵に関する言葉についても、いくつか紹介するように努めました。

このように本書では、広い意味での美しく生きるための日本の思想が、30の言葉と共に紹介されています。実はこの本は、『哲学者が伝えたい人生に役立つ30の言葉　和の哲学編』というタイトルで、3年ちょっと前に出版されたものの新装版です。

その後新型コロナウイルスによるパンデミックを経験し、私たちの心やモラルが動揺する中、今こそ日本的な美しい生き方が求められているということで、新装版として再度出版することになりました。

　考えてみれば、日本人の生き方はコロナ前であろうと後であろうと、何ら変わることはありません。私たちはこれまで同様美しく生きて行けばいいのです。パニックになってそのことを忘れさえしなければ、きっとこの難局は乗り越えられるはずです。そのために、本書が少しでもお役に立てば望外の幸せです。

はじめに……03

第一章 おだやかに生きるために

1 日本人の真摯さの源泉「恥じる」……14
2 争いを避けるための日本人の美徳「曖昧にする」……20
3 味方を増やすための柔軟さ「受け入れる」……26
4 メリハリのある生活を送るコツ「発散する」……32
5 余韻を楽しむための思想「小さくする」……38
6 執着せず、前向きに生きていくための流儀「粋に振る舞う」……44

7 心を豊かにするための生き様「みやびやかにする」……50

第二章 「このままの自分でいいのか」と不安になったときに

8 最後に笑うための「待つ」姿勢「なる」……58
9 生き延びるための従順さ「従う」……64
10 自分も相手も本気にさせる言葉「信じる」……70
11 心を強くするための思想「待つ」……76
12 心を落ち着かせるためのリセット法「癒やす」……82

13 本当に必要なものを追求する方法「簡素化する」……88

第三章 人間関係がうまくいかないときに

14 息苦しさから解放されるための思想「間をとる」……96
15 コミュニケーションを円滑にするためのネットワークづくり「結ぶ」……102
16 強靭さを生み出すための思想「型をつくる」……108
17 ハイブリッドなハーモニーを生み出すための「いいとこどり」「一体化する」……114
18 正しいことを直感的に読みとる力「感じる」……120

19 人間関係に必要な健康な甘え「頼る」……126
20 尊敬を集める義理と人情の思考「筋を通す」……132

第四章 自分の感情や悪い習慣をおさえられないときに

21 精神的満足を得るための思想「無になる」……140
22 過ちを赦し、心穏やかに生きるコツ「清める」……146
23 正しい道を貫き通すための態度「一心不乱になる」……152
24 惹きつけるための技「秘する」……158

25 強欲にならないための知恵「恐れる」……164

第五章 思い描く将来を実現したいときに

26 物事を実現するための第一歩「唱える」……172
27 クリエイティブになるための行為「うつろう」……178
28 妥協しないための粘り強さ「凝る」……184
29 質の高いものを生み出すための努力「繰り返す」……190
30 プロフェッショナルの思想「覚悟する」……196

第一章

おだやかに生きるために

1

日本人の真摯《しんし》さの源泉

恥じる

周囲に配慮して、自制する気持ちを持ち、真摯に取り組むことでいい結果を生む。

日本人は何事にも真摯に取り組むといわれます。勤勉でまじめだということです。では、その性格はどういう思考に基づいているのか。

ここで参考になるのが、ルース・ベネディクトの名著『菊と刀』です。戦前、日本人のメンタリティを調べるために、アメリカ政府の依頼を受けて文化人類学者のベネディクトが調査した結果をまとめたものです。

なぜ『菊と刀』が日本人の象徴なのか？

ここでいう「菊」とは、輪台によって形を決められた花の持つ自制や義務を象徴しています。これに対して「刀」とは、しっかりと管理しておかないとさびが出るという点で、自己責任を象徴しています。

つまり、そうした義務や責任をきちんとはたさないと、日本人は恥を覚えるから、何事にも真摯に取り組むというわけです。逆にいうと、恥じるという思考こそが、日本人の真摯さの源泉であるということができるでしょう。

たとえば、「菊」というのは、私たちの日常でいえばご近所からのプレッシャーだとか、会社での暗黙の年功序列のようなものになるのではないでしょうか。ご近所の例だと、ゴミを出す時間が決まっているわけではなくても、夜遅くに出すのは気が引けるものです。

夜遅いと、多少ですが、ゴミ置き場を開閉する音が響きますし、何よりみんなが夜に捨て出すと、朝に捨てる人たちのスペースがなくなってしまいます。そういうことにあらかじめ配慮して、自制しているのです。だから、夜にゴミを出すのは恥ずかしい行為だと感じるわけです。

職場でも、いくら年齢は関係ない、実力主義だとか、平等だとかいわれても、やはり社歴が長い人や年齢が上の人が何かと優先される傾向があります。少なくとも、能力が同じなら、年上の人が先に昇進するでしょう。私たちはそれをよしとしているのです。先輩、どうぞお先にと。

そこを気にせず、自分が先にという態度をとる若造には「恥を知れ」という視線が投げかけられるわけです。

「刀」のほうの例は、もっとわかりやすいと思います。

物の場合、放置しておいたのが原因で壊れたりすると、手入れができていなかった自分の責任だと感じます。私たちには当たり前のように聞こえますが、訴訟好きのアメリカ人なら、それでもメーカーや販売会社の責任だといって訴えるかもしれません。そこが違いです。

人もそうです。部下が不祥事を起こせば、上司は責任を取ろうとします。自分がやったわけではないけれども、管理が甘かったという認識に基づくものです。まさに身から出たさびなのです。

家族も同じです。家族が何か問題を起こしたときは、家族のメンバーみんながそれぞれ責任を感じるものです。

そしてそんなことにならないように、一生懸命自分以外の家族のことにも関与しようとします。家族の恥にならないように。ここも個人主義のアメリカとは大違いです。

「恥」を感じることで、いい結果が生じる

無責任だといわれる人は、こうした刀を持っていないのでしょう。

だから、さびが出ようが虫が出ようがお構いなしなのです。

いや、もしかしたら「菊の問題」かもしれません。つまり、義務感がないの

で、自分勝手な行動をとるのです。その結果、あの人は無責任だといわれるわけです。コロナ禍以降特に自覚ある行動が求められるため、後ろ指を指されないように気をつけたいものです。

後ろ指を指されるだけならまだいいですが、無責任であるということは真摯に取り組まないということと同義ですから、いい結果ももたらしません。いわば、恥を気にしない、不まじめに取り組む、悪い結果が生じるという悪循環が最大の問題だと思います。

そんな最悪の事態を避けるには、逆に恥を感じる、真摯に取り組む、いい結果が生じるという好循環が成り立つようにしなければならないのです。

2

争いを避けるための日本人の美徳

曖《あい》昧《まい》にする

あえて「イエス」「ノー」をはっきりさせないことで無用な争いを避けることができる。

日本人は物事を曖昧にするきらいがあります。それは、一般に西洋人が主義主張や態度をはっきりさせることを重視するのと対照的だといっていいでしょう。その背景には、一神教の影響があるのかもしれません。

たしかに日本の場合、神道のように多神教であったり、あるいはクリスマスに教会に行き、その1週間後には神社に初詣でに行き、仏教にのっとって葬式をあげるといったように、他の宗教を曖昧な形で認めるという風土がありま す。

これは何も最近の現象ではなく、昔からある考え方のようです。たとえば、大乗仏教《だいじょうぶっきょう》は釈迦《しゃか》が直接説いたものではないと主張して物議を醸《かも》した江戸時代の思想家、富永仲基《とみながなかもと》が、著書『出定後語《しゅつじょうこうご》』の中で思想の相対性について論じています。

つまり、仏教でも儒教でも道教でもよく、別に選ぶ必要はないというのです。そのようにさまざまな宗教を認めることによってのらりくらりと曖昧な態度をとったほうが、宗教対立を防ぐことができるからです。

きっと日本人は、あえて曖昧にすることで、争いを避けるよう思考しているのではないでしょうか。

戦争もそうです。基本的に日本人は戦争を好みません。もちろん戦国時代があったり、明治から昭和にかけて世界大戦に巻き込まれたりしましたが、長い歴史の中ではむしろそうした時期が例外的だったわけです。

戦争になるのは、相手にきっぱりとノーを突きつけるからです。その点では、たしかに元《げん》からの要求も黒船からの要求も、見事にはぐらかしてきたのです。ノーという勇気がなかったからですが、あれがもし即ノーと返事をしていたらどうなっていたか。曖昧さは争いを避けるのに役立つのです。

無用な「争い」を避けるための美徳

この理《ことわり》は私たちの日常の争いに置き換えても当てはまるのではないでしょうか。すぐ人とぶつかる人は、態度や言動を〝のらりくらり〟と曖昧にすればいいのです。そうすることで、相手を刺激するのを防ぐことができます。

もちろん世の中には、人の命を奪ったり心身を傷つけたりすることなど、絶対的に間違っていることもあります。

でも、ほとんどのことは、そこまで対立すべきことではないのです。たいていは同じことを違う視点から訴えているだけにもかかわらず、あたかもお互いに相いれないことをいっているかのように思っているだけです。

宗教対立がまさにそうなのですが、先ほどの富永仲基も、「善をなすものはひとつの家のものである」と指摘しています。どんな宗派も同じ善を目指しているのであって、その意味で仲間じゃないかというわけです。

西洋では曖昧な態度は好まれませんが、このように日本では曖昧さこそが美徳なのです。

日本には「あわい」という表現があります。漢字で書くと「間《あわい》」ですが、この言葉にはいくつもの意味があります。物と物の間、時間的な間、人と人の関係性、色の取り合わせ等。そしてそのいずれもが、単にふたつの物事の中間を指すのではなく、その間の曖昧な部分を指しているのです。

曖昧こそが美しい

つまり、ある色と別の色のあわいといったときに、その間のグラデーションのような色を想起するのと同じです。人と人のあわいというときにも、個人同士の関係を越えたイメージを想起するのです。個と個が別の存在として屹立《きつりつ》するイメージとは正反対の、まさに個と個の境界線が曖昧になったイメージです。

このあわいの関係性こそが、物事の境界を曖昧にし、争いを避けるのに役立っているように思えてなりません。人間というのはコンピューターとは違ってなかなか割り切れない存在です。言い換えると、至極曖昧な存在なのです。

したがって、その曖昧な存在同士が主張をぶつけあうときも、決して割り切った答えを求めてはいけません。あわいでいいのです。いや、あわいこそが美しいのでしょう。

3

味方を増やすための柔軟さ

受け入れる

新しい部署や転職先の人間関係、新しい家族は「プラスになる」と思って味方にしてしまう。

日本人は、海外の文化や思想を受け入れるという点に関しては、意外と柔軟性があります。だからこそ仏教や儒教をすんなりと受け入れ、発展させることができたのでしょう。

明治以降、西洋の科学技術を受け入れて国家を急速に発展させることができたのも、そうしたところに理由があるのかもしれません。

そこで思い浮かぶのが、「まれびと」の存在です。まれびととは、ある一定の時期に他の世界から来訪する霊的もしくは神の本質的存在のことです。

民俗学者の折口信夫《おりくちしのぶ》は、まれびとに「客人」の漢字をあて、それが本来、神と同じ意味であり、その神が死霊の住む常世《とこよ》の国から来訪することを民間伝承や『古事記』などの記述から明らかにしました。

とはいえ、本当にそのような神が来訪するわけではありません。しかし、少なくとも日本の人々はそれを信じ、そうした観念のもとに生活を営んできました。

「客人」とも表記するように、まれびとは外部から来る旅人のような人をも意味します。そうした外部の人たちを神をもてなすかのごとく歓待したのです。したがって、まれびとを受け入れることによって、日本人は味方を増やしていったということもいえるでしょう。

日本国内の他の地域間で人が行き交っていたのはもちろんのこと、外国からも、古くは大陸や朝鮮から渡来人を受け入れ、明治期以降は西洋からお雇い外国人を受け入れてきました。そうして味方を増やしていったのです。

受け入れることは、自分の味方を増やすこと

このまれびとに象徴されるように、受け入れるという思考は、「自分の味方

を増やすこと」につながってくるように思われます。ですから、職場に新しい人が入ってきたようなときには、たとえ馬が合わなくても、積極的にこちら側から受け入れるべきなのです。

そうすることで、結果的に味方が増えるのですから。それは自分にとってもプラスですし、組織全体にとってもプラスになるはずです。

とはいえ、そうしてよそから来た人を受け入れるのは、簡単ではありません。その人が新人だとか、他の部署から異動してくる普通の人事異動ならまだいいでしょう。新人は何も知らないのが前提ですし、定期的な人事異動の場合は移ってくる側も受け入れる側も勝手がわかっていますから、お互いに文化を共有しているという前提があります。

ところが問題なのは、まったく違う文化を持った転職組、特に外国人を受け入れるような場合です。あるいはもっと困るのは、吸収合併などの場合です。

最近はよくありますよね。

たとえば、吸収合併で違う会社の人間同士が同じグループの傘下となったような場合、やはりどうしても親会社の人間が幅をきかせていて、子会社の人間が肩身の狭い思いをしているという話を聞きます。このような場合、受け入れる側、受け入れてもらう側の溝をどう埋めたらいいか考えなければなりません。

これについては、溝を埋めることがお互いにとってプラスになるという認識が大事でしょう。そうすれば、おのずと方法が見えてきます。

受け入れる側は相手をお荷物扱いするのではなく、「自分の味方が増えた」と思えばいいわけです。受け入れてもらう側も、卑屈にならずに、むしろ従来その組織になかった部分を「自分たちが補うんだ」という自覚をもって臨めばいいのです。

「お互いにプラスになる」という発想をもつ

これは婚姻などの家族関係においても当てはまる話です。結婚では他人同士が家族になるわけですが、嫁姑の関係などをうまくやっていくためには、「お互いにプラスになる」という発想が不可欠です。血縁という壁を乗り越えなければなりませんが、結婚するというのは、家を存続させていくうえでプラスなのですから、考え方次第だと思います。子どもがいない場合は、養子をもらうという手もあります。

こんなふうになんでもかんでも受け入れると、「八方美人」と揶揄《やゆ》されたり、自分を見失ってしまうような不安もあるかもしれません。でも、あくまで自分にとってよりよい状態をつくるプロジェクトだと思って、自信をもってやってください。受け入れる思想はプラス思考でもあるのです。

4

メリハリのある生活を送るコツ

発散する

「ハレ」と「ケ」を意識して日常にメリハリをつけることで
ここぞというときにパワーが出る。

日本には祭りが多いといいます。地域の小さいものから全国規模の有名なものまで、実に大小さまざまな祭りがこの国の1年をいろどります。私も祭りは大好きなのですが、特に発散できるタイプのものが好きです。

たとえば、朝まで踊り狂うことのできる阿波踊り、体と体がぶつかり合う全国の裸祭り、だんじりを激しく引き回す岸和田のだんじり祭り、神社を猛ダッシュする西宮神社の福男選びなど。

いずれも精神と肉体を極限まで解放し、エネルギーを放出することができる祭りです。

こんな祭りがたくさんあるから、日本は活力にあふれているように見えるのでしょう。でも、決して同じ人が同じ場所で年中祭りをやっているわけではない点に注意が必要です。どの祭りも年に一度、短い期間行われるだけです。そういうものが全国各地にあるというにすぎません。だからこそ盛り上がるのです。

普段人々はとてもおとなしく静かに過ごしています。そして祭りのある一時期だけ、人が変わったようにエネルギーを放出し、発散します。このメリハリを、「ハレ」と「ケ」と表現することもできるでしょう。

「ハレ」と「ケ」とは、民俗学者の柳田國男《やなぎたくにお》が唱えたもので、非日常性と日常性を意味する対の言葉です。どうやら稲作のリズムに由来するようです。その証拠に、ハレの部分は祭りにつながっています。稲作の節目ごとに祭りをするからです。

「ハレの日」に向けてエネルギーを蓄える

そして、ハレという音はやはり「晴れ」からきているようで、明るくめでたいニュアンスを感じますね。

よく「ハレの日」といいますが、あれは結婚式などの特別にめでたい日を指す言葉です。人々はそのハレの日に向けて、普段はあえて普通に過ごすのです。エネルギーを蓄えておくといってもいいでしょう。

とりわけ日本人はまじめですから、普段は努めてエネルギーを抑える、そのおかげでハレの日に一気に発散することができるのです。

したがって、発散するという発想は、ある意味では日本人にぴったりなのでしょう。ラテン系のように普段から明るくて乗りのいい人なら、発散する必要はありませんから。この日本人のメリハリは、やるべきときは思いっきりやるというふうにとらえることができるかもしれません。

発散するという思考法は、メリハリ思考なのです。エネルギーを何かに集中投下するためには、そうした発想が不可欠です。『スターウォーズ』ではピュンピュン打ち合いをしていますが、『宇宙戦艦ヤマト』ではエネルギーをためにためて波動砲で一発ドカンと打つ。これこそ日本式のもののやり方です。

だからといって、ためにためて突然キレるという事態だけは避けなければいけません。怒りやストレスなどの負のエネルギーは、うまく発散させておかなければならないのです。そのためにもっと日常にハレのイベントを設ける必要があります。

定期的に、自分だけの「ハレの日」を

とりわけコロナ禍でいわゆる「おうち時間」が増えた中、意識して定期的に日常に自分だけの祭りを設定すべきでしょう。金曜日はＷＥＢ飲み会に参加するとか、週末は人込みを避けて自然の中に出かけてみるとか。いわばお祭り人

生です。メリハリのある生活を送ることが、突然キレなくて済むコツなのです。

これは、毎日をお祭りにしてしまうというのとは違います。それは間違ったお祭り人生です。そのような毎日だと、突然キレなくてもいい代わりに、メリハリもなくなってしまいます。

メリハリのない生活は、おもしろくもないうえに、生産性も上がりません。やるときはまじめにやる、はじけるときは思いっきりはじける。これが本当のお祭り人生です。

5

余《よ》韻《いん》を楽しむための思想

小さくする

日本古来の機能美が時間に追われない生活を生み出し、
余韻を楽しむ余裕が生まれる。

以前、フランスで「カワイイ」という言葉がはやっているとテレビが報じていました。日本のおじさんよりもはるかに背の高いフランスの女子高生たちが、小さい置物を手に、日本語で「カワイイ」といっているのです。

たしかに日本のものはなんでも小さくて、手が込んでおり、かわいいと呼ぶにふさわしいですよね。

なんでも大きくしようとするアメリカとは対照的に、日本の場合、あえて小ささを追求します。

「ミニマリズム」という思想があります。もともとは1960年代に芸術の分野で無駄をそぎ落とした機能美のようなものをそう呼んでいました。日本では、その結果として小さなものが生み出されることになったのもたしかです。余分なものを取り除くと、必然的に小さくなりますから。

こうした発想は、実は日本では古くから存在します。何かが欠けているところに美を見出す。『枕草子』で清少納言が描いた「小さきもの」とはまさにそれです。欠けているからいいというわけです。おそらくその欠けている部分に思いを致し、逆に心がかき立てられるのでしょう。

日本ならではの余韻を楽しむ気持ち

何もかも見せられるより、想像に任されたほうがいいことはたくさんあります。映画などでもそうです。すべてを見せられて押しつけられるより、余韻を楽しみたいという気持ちが誰しもあると思います。

小さいものに私たちが感じるかわいさ、いとおしさも、同様に想像であったり、余韻なのかもしれません。そのために私たちは、あえて小ささを求めるのです。

もちろん、日本という国は土地が狭く、必然的に小さなものを作らざるを得なかったという事情はあるでしょう。ただ、そうした消極的な発想だけなら、いいものはできなかったはずです。

日本の小さなものは、ただ小さいだけでなく、手が込んでいるところがポイントです。

いわば、外に広げる代わりに、内に入り込んでいったのです。どこまでも内側に。それが小さいもののクオリティを高める結果になったのだと思います。とりわけそれはものづくりに発揮されます。

このように、小さくするという思考法は、無駄をそぎ落とすだけでもなく、ましてやサイズを小さくするだけでもありません。むしろ内側に向かって宇宙を広げていくことを意味するのです。その宇宙の広大さこそが、大きな余韻を生み出すわけです。

こうした日本的ミニマリズムの発想は、シンプルな生活や時間に追われない生活を生み出し、私たちに物事の余韻を楽しむ余裕をもたらします。毎日、あっという間に時間が過ぎていって、まったく余裕がないという人は、ぜひ小さくする思考によって、生活を見直してみてはいかがでしょうか。

まずは生活空間をコンパクトにしてみる

たとえば、自分の行動範囲を小さくする、つまり無駄に動かなくていいようにする工夫は比較的簡単にできると思います。

物がいろんなところに散らばっていて、いちいち移動しなければならないのでは、それだけで時間が消費され、体力が消耗します。まず自分の生活空間をできるだけコンパクトにすることです。

あるいは、仕事を小さくすることも可能だと思います。あれこれ手を広げすぎないとか、スケジュールを詰め込みすぎないということです。そうして捻《ねん》出《しゅつ》した時間を余韻として楽しめばいいのです。

このように、物理的に物事を小さくすることで、時間的余裕が生まれ、日常の余韻を楽しむことができるようになります。ドラマを見ても、その余韻を楽しむ間もなくバタバタ雑用をこなさなければならないなんて残念ですよね。30分ドラマを見たら、もう30分はじっくりその内容について考える。そんな過ごし方をしたいものです。

6

執着せず、前向きに
生きていくための流儀

粋に振る舞う

過去の物事に執着するのは野暮《やぼ》。さっと身を引くことで
前向きに生きていける。

みなさんは「粋」という言葉をご存じでしょうか？

江戸っ子が「粋だねぇ」といったり、「粋に振る舞う」といった場合のあの「粋」です。どこかで聞いたことはあるかもしれませんね。

でも、「粋」の意味を問われると、結構答えるのが難しい。若い人に聞いてみると、「かっこいい」というニュアンスでとらえている人が多いようです。

たしかにかっこいいということなのですが、同じかっこいいでも、見た目がいいという意味を表す「イケメン」とは異なります。むしろ「無駄なものがそぎ落とされてさっぱりしている」という意味でしょう。

花魁《おいらん》と客との男女関係にある日本人の美意識

この概念について、日本の哲学者、九鬼周造《くきしゅうぞう》が代表作『「いき」の構造』の中で詳細に分析しています。

つまり「いき」とは、江戸の遊郭《ゆうかく》で生まれた美意識のことで、その本質は花魁や芸者と客との男女関係にあるというのです。

そして「いき」を構成する要素として、「媚態《びたい》」「意気地《いきじ》」「諦め」の三つを挙げます。

媚態とは、異性を目指して接近していくのだけれども、あくまで「可能的関係」を保つ二元的態度のことです。くっつきそうでくっつかない関係。

意気地とは、異性にもたれかからない心の強みのことです。いわば独立心。

そして、諦めとは、こだわることなく、新たな関係を生み出すクールな態度。九鬼はこれを次のようにスローガン風にまとめています。

「垢抜《あかぬけ》して（諦め）張りのある（意気地）色っぽさ（媚態）」

こういう男女関係が粋だとされるのです。

恋人と別れるたび未練がましく引きずる人がいますが、粋な振る舞いとはまったく正反対だといっていいでしょう。

未練を残すことの何がいけないかというと、かっこ悪いだけでなく、過去に執着しているあまり、前向きに生きていけないのです。

恋愛でいうと、せっかく次の恋のチャンスがあっても、そこに目がいかないわけです。これは実にもったいない話です。

物事に執着しないで生きる

そういう意味での粋な態度は、いまや男女の関係を越えて、さまざまなところで見受けられるように思います。日本人は、恋愛に限らずあらゆる人間関係において、あえて粋に振る舞うことで、物事に執着しないように努めているのではないでしょうか。

自分がもはやかかわるべきでないと思えば、けじめをつける意味もあるのか、さっと身を引くのが日本の美学。いつまでも影響力を行使しようというのは、美しくありません。だからそういう人は非難されるのです。

ただし、必ずしも現代の日本人がそんな身の引き方ができているかどうかは別の話です。

最近はストーカーや不倫のもつれなどがニュースになったりします。特にストーカーは、粋の正反対にある態度だといっていいでしょう。嫌がる相手に粘着し、しつこくつきまとい、苦しめるのですから。

粋の反対は「野暮」だといいますが、ストーカーの場合はヤボったい状態を越えてもはや〝ヤバい〟状態に至っています。これが本来粋なはずの日本人が持っている性質でないことは、ストーカーという言葉が英語から来ている点にも表れているように思います。

何事にも執着の断ち切れない人は、ぜひ粋になってください。そうして初めて前向きに生きることができるのですから。

外見がかっこいいだけの人がもてる時代ですが、イケメンより「粋メン」でありたいものです。

7

心を豊かにするための生き様

みやびやかにする

時間と効率をあえて考えないことで心が豊かになり、いいアイディアがわいてくる。

「みやび」という言葉はいかにも優雅でよい印象を与えてくれます。私は京都出身なので、特にこの言葉がしっくりきます。京都の雰囲気というのは、まさにみやびやかなのです。実際、みやびとは都から来た言葉で、つまり都会っぽいということです。

ただし、同じ都会でも今の東京のような大都会という意味ではなく、もっとしゃれた場所というニュアンスです。

京都は外国人が訪れたい場所として一番人気があります。おそらくそれは、お寺や神社が多く、彼らにとってエキゾチックであるというだけでなく、あのみやびやかな雰囲気が人々を惹《ひ》きつけているのだと思います。その証拠に、京都は日本人観光客にとっても人気の場所ですから。

では、そんなみやびを思考にするとどうなるか。みやびやかにするというのは、文字通り優雅に物事を行うということです。いや、発想自体、優雅に行うといってもいいでしょう。

時間や効率にとらわれてはいけない

「優雅に考え、優雅に振る舞う」

これがみやびやかにするということの意味です。まるで平安時代の貴族のように。

そしてまたここが粋（44～49ページ参照）との違いです。粋であるためには、優雅である必要はありません。さっぱりしていることをいうのですから。じっくり振る舞っていては野暮《やぼ》になるので、むしろ時間をかけないようにさえするのが粋です。

これに対して、物事をみやびやかにする場合は、時間や効率性にとらわれてはいけません。時間に追われ、効率を考えてあくせくやるようでは、いいアイディアもいい作品も生み出されませんから。

あたかも無限にあるかのような時の流れの中で、ゆったりと思考する。そんなぜいたくな雰囲気が必要なのです。

考えてみれば、平安貴族は毎日そうしたぜいたくな時間の中でゆったりと人生を遊んでいました。

「遊びをせんとや生まれけむ、戯《たわぶ》れせんとや生まれけん、遊ぶ子供の声きけば、我が身さえこそ動《ゆる》がるれ（遊ぶために生まれてきたのだろうか、戯れるためにに生まれてきたのだろうか、遊んでいる子供の声を聞いていると、私の体まで動き出す）」

平安時代の歌謡集『梁塵秘抄《りょうじんひしょう》』の有名な一節です。まさにそんな貴族の生活と精神を象徴する歌のように思えてなりません。

私たち日本人は、ある意味でみんなそんな平安貴族の子孫でもあります。だから何事をするにしても、大いにみやびやかにやればいいのです。そうすることで、このあくせくした時代に、きっとおもしろい成果を生み出せるに違いありません。

精神的な豊かさが、みやびやかにつながる

とはいえ、今は老後破産や少ない賃金でのやりくりに四苦八苦する人が多いのも事実です。はたしてお金がなくても、みやびやかに生きていけるのかどうか。

私は可能だと思っています。なぜなら、みやびやかであるということは、あくまで精神的な問題だからです。お金があってもあくせく生きている人はいます。そうした人が心豊かに過ごせているとは思えません。

だとするならば、お金と精神面でのみやびやかさは切り離せるのではないでしょうか。金銭的、物質的に豊かに過ごすということと、精神的に豊かに過ごすということは必ずしもイコールではないのです。

それがイコールになってしまっている人は、おそらくお金を使うことで喜びを感じているのでしょう。逆にイコールではない人は、お金のかからないことで喜びを感じているのです。

天気がいい日に自然の中を散歩する喜び。これはお金がかかるものではありません。雨の日だって、図書館で好きな本を読む喜び。これもお金はいりません。あるいは気の合う友達と公園でおしゃべりするのはどうでしょうか。

なんでもお金がかかる時代だからこそ、みやびやかに生きることの意味を考え直す必要があるのかもしれません。

第二章

「このままの自分でいいのか」と不安になったときに

8

最後に笑うための「待つ」姿勢

なる

受け身のようだが、《運命のようなものに導かれてそうなった》という意識を持つのも、立派な戦略。

日本のもっとも古い思想は、縄文時代、あるいはそれ以前から存在するであろう「自然崇拝」だといっていいでしょう。それが現代の神道につながっているのです。

あるいは、古代から日本の思想の中心を担ってきた仏教もまた、自然を重視します。仏教では目の前に現象するこの世界こそが物事の本質としての実在の世界だととらえます。

つまり、目の前にある自然は、そのまま本質になるわけです。これを「現象即実在」と表現したりします。いわば自然には物事の本当の姿が現れているということです。

いずれにしても、日本では自然であることが、そこに何か人為的に手を加えるよりも正しいとされるわけです。そうすると、何かをするよりも、自然になる、あるいはそのままの状態であることのほうがいいということになります。

そこには、自然の大きな力やそこに宿る神の力にはさからえないし、さからったところでいいことはないという発想があるのでしょう。

こうした考え方は、宗教の枠組みを超え、また時間をも超えて、現代社会の日本人に広く浸透しています。

戦後、政治学者の丸山眞男《まるやままさお》は、「である」社会から「する」社会に転換する必要性を訴えました。近代社会においては、一人ひとりの個人が主体的に世の中を変えていかねばならないという主張です。西洋の市民社会や民主主義を見て丸山はこのように説いたわけです。

日本では「待つ」姿勢が浸透していた

たしかに日本人は、今も昔も「する」よりも「である」、あるいは自然に

「なる」ことをよしとして生きています。だから社会の問題についても、自分で主体的に変えるのではなく、いいようになるのをただ待ってきたのでしょう。そして、丸山の懸命の訴えにもかかわらず、結局日本は「する」社会にはなりませんでした。日本人の本質はそう簡単には変わらないのかもしれません。

日常生活においてもそうです。自分で決めたことであるにもかかわらず、「このたび結婚することになりました」とか、「転職することになりました」という表現を好んで用います。おそらくそこには、結婚も転職も、《運命のようなものに導かれてそうなった》という意識があるからではないでしょうか。

ただ、西洋では「する」という能動的な思想が主流ですが、必ずしもそれによって世の中がよくなっているわけではありません。西洋社会は相変わらず戦争をし、自然を開拓することに力を入れていますから。

常に人生を攻め続けなくてもいい

そう考えると、日本の「なる」という思想には、西洋の能動的な思想に代わる大きな可能性が秘められているような気がしてなりません。

たとえば、『家康教訓録』の中に徳川家康のこんな言葉が記されています。

「堪忍《かんにん》は身を守るの第一なり。堪忍のなる事は、十全に至らねば家をも国をも起す事はならぬものなり」

堪忍とは忍耐のことです。

家康は幼少期人質にされたり、信長や秀吉に仕えて耐え続けたことによって、ようやく300年の栄華を誇る江戸幕府を開くことができたのです。

これはまさに、「機が熟するのを待つ」——つまり、そういう状態に「なる」のを待つ思想の実践だといっていいと思います。

なんとなく毎日が過ぎていくことに危機感や不安を覚える人は多いですが、本当は、常に人生を攻め続ける必要なんてないのかもしれません。

もちろん、「する」ことも大事です。でも、「である」ことを受け入れ、「なる」のを待つ。それもまた勝つための立派な戦略なのです。

人生最後に笑うためには、なるようになるのを待ってみるのもいいのではないでしょうか。特にこのコロナ禍では、そうせざるを得ない部分もありますから。きっとみんなで笑える日が来るはずです。

9

生き延びるための従順さ

従う

性急にことを運ぼうとするのではなく、あえてつらい選択をするのは、実は能動的で戦略的なことなのです。

日本人は従順だといわれます。法律を守る、会社の方針に従う、列に並ぶ……。数え上げたらきりがないくらいです。これもひとつの思想だといえるでしょう。

では、この思想はいったいどこからきているのか。

まず考えられるのは、この独特の風土です。日本の哲学者、和辻哲郎が著書『風土』の中で指摘したように、日本はモンスーン型の気候に属します。それによって、台風や雨季などの自然の変化と共生することを余儀なくされ、必然的に忍従的な性格になったというのです。

たしかに、台風にあらがっても勝てるわけがありません。地震もそうでしょう。私たちにできるのは、せいぜいそれを予知し、被害を最小限に食い止める減災だけです。

これに対して、西アジアや内陸アジア、アフリカは砂漠型だといいます。乾燥した砂漠の厳しい環境を前に、人々は放牧生活を送りながら、必死に抵抗しようとします。それゆえこれらの地域では、自然や他の部族と闘う戦闘的な性格が形成されていくというのです。

また、ヨーロッパは牧場型だといいます。ヨーロッパでは、規則的に乾燥と湿潤が繰り返されるため、人々はそれに合わせて農耕や牧畜を営むことができます。いわば自然は合理的、計画的に支配されているわけです。こうして合理的思考を行う性格が形成されるといいます。

いずれの地域でも、それぞれの風土に合わせて「生き延びるための思考」が育まれてきたのです。そうしたＤＮＡともいうべき生き延びるための知恵が、日本の思想に影響を与え続けているのは間違いなさそうです。

日本人の持つ戦略的な従順さ

したがって、自然災害に限らず、日本人は従うことが得意なのです。

大事なのは、だからといって、日本人がただ受動的に生きてきたというわけではない点です。この従うという生き方は、ある意味で能動的なものだともいえるからです。

そもそも、従うというつらい選択をあえてしている時点で能動的ですし、それ以上に、これが戦略的なものだともいえるからです。実際、周囲を見渡してみても、性急にことを運ぼうとする人より、じっと構えている人のほうが結果的には大器晩成で目的を成就しているように思います。

故・渡辺和子さんの大ベストセラー『置かれた場所で咲きなさい』が多くの人の共感を得たのも、そうした日本人の成功イメージに合致するものだったからでしょう。

つまり、自分に与えられた場所で、与えられた仕事を一生懸命にこなすことこそが、回り道に見えて、実は最終的に目的を達成することにつながるというわけです。ほかでもない、これは従う思想の実践といっていいでしょう。

もし、今の仕事や職場の人間関係が自分に合わない、このまま続けていっていいのだろうか――と悩んでいる人がいたら、ぜひこの「従う」という思想も選択肢のひとつにしてみてください。

これは私自身の経験からもいえることです。

最初、私は総合商社に就職したのですが、耐える間もなくすぐに辞めてしまいました。そのせいで、その後5年弱もの間、引きこもり同然の形で無為に過ごす羽目になってしまったのです。一番頑張らなければならない20代の後半を、です。

もちろん、闘うという選択肢や、合理的に攻める選択肢もあるでしょう。時にはそういう選択が正しいこともあります。

私も市役所で働きながら、大学院で哲学を学んだ後は、哲学者になるという攻めの選択をしました。

しかし、それは社会人としての下積みや、学問の基礎トレーニングに耐え、なすべきことのすべてに素直に「従った」結果、見えてきた選択肢だったわけです。だから今は満足しています。このプロセスなしに成功はありません。

特に日本では、耐えることで成功するケースが多いように思います。それは周囲もそういう人を評価するからでしょう。この国にはそんな風土があるのです。従うこと、それもまた哲学なのです。

10

自分も相手も本気にさせる言葉

信じる

リスクを受け入れて思いっきりやる、もしくはやってもらうことも時には必要。本気が伝わり、固い絆《きずな》が生まれる。

日本人は物事を信じやすいほうだと思います。そこには神道や仏教といった「緩やかな」宗教が慣習として根づいているという事情もあるでしょう。本気で迷信を信じたり、お天道様が見ていると考えたりしますから。

そもそも天皇の神聖性を信じている時点で、それは『古事記』や『日本書紀』といった神話を信じていることになるわけです。

ただ、信じるということを否定的にとらえる必要はありません。これもまた立派な思考法だからです。

信じるということには、物事を推進する非常に強い力があります。信じることによって、何の迷いもなく専念できるのです。

サーカスの空中ブランコを見たときそう感じました。彼らは、離れたところにいる相手に捕まえてもらえることを信じて飛び込みます。

もしあそこで迷いが生じたら、思いっきり飛ぶことはできないでしょう。その結果、相手の手に届かず、落下してしまいます。

とはいえ、私たちは時に信じることを恐れます。おそらくそれは、裏切られた経験があるからだと思います。

信じること＝リスクを引き受けること

これについて明治期の宗教家、清沢満之《きよざわまんし》はおもしろいことをいっています。信じるというのは、当てにするのとは違うということです。当てにするということは、心を預けきっていないので、相手が思い通りにやってくれないと、裏切られたと感じてしまうわけです。

でも、信じるということは、そこも含めて了解するという意味です。ですから、裏切られても平気なのです。いや、裏切られるという概念すら存在する余地がないのかもしれません。

だから信じるときには、何も恐れる必要はないのです。これが日本式の「信じる」という思考です。

それは「リスクを引き受ける」ということでもあります。

よく会社の上司が、君を信じて任せようといったりします。それは失敗したときは、自分が責任を取るということです。

西洋社会なら、失敗は契約違反だとかいわれて、クビになるかもしれません。でも、日本の会社は違います。信じた上司が潔く責任を取るのです。

少なくともそれが日本的な美学だとされます。だからこそ私たちも思いっきりやれるのです。これは日本の強みだといっていいでしょう。

自分が責任を取ることで相手を動かす

逆に、人に思いっきりやってもらいたいときは、自分を信じてもらうようにすればいいのです。

たとえば、部下や後輩に思いっきりやれとアドバイスしても、どうもうまく伝わらない。あるいは、やはり躊躇《ちゅうちょ》しているように見えることがあると思います。そんなときは、おそらく相手が失敗を恐れているのです。

思いっきりやれとアドバイスするからには、助言者である自分が何らかの保証をするという意味です。それをきちんと伝えさえすれば、相手の恐れは消えるに違いありません。

だから、助言者としての自分の覚悟を伝えるようにすればいいのです。

もし先輩や上司が、「後のことは心配するな。責任は自分が取る」などといえば、相手は安心するでしょうし、何より勇気がわいてくるはずです。自分ひとりでやるわけではないのだと。

それにこの場合、本当に先輩や上司に責任を負わせようなどとは思わないでしょう。やるほうは、その言葉がうれしいのです。

吉田松陰の松下村塾で学んだ幕末の志士たちは、みんな、松陰の言葉を信じて明治維新を成功させました。

松陰は弟子たちを信じて獄死したわけですが、ある意味でそれは松陰自身が先に責任を背負ったともいえるのです。少なくとも、弟子たちにはそうとらえられたはずです。

だからこそ、師の教えの正しさを信じ、彼らは思いっきりやれたのです。

いつの時代も、伝わるのは本気の言葉だけなのです。

11

心を強くするための思想

待つ

焦らず、積極的に待つことで、自分の中から執着を取り除き、心を強くすることができる。

待つということはとてもしんどいことです。肉体的にも精神的にも。

しかし、日本人は比較的それができるように思います。長い行列を待つ、寒い冬にじっと耐えて春を待つ、心が無になるのを待つ……といったように。


日本文化を紹介したドイツの哲学者オイゲン・ヘリゲルは著書『弓と禅』の中で、自らが弓を習得するまでの過程について禅の思想と絡めて論じています。あのスティーブ・ジョブズも愛読したという名著です。そこでは、弓を始めたヘリゲルが、修行の末にようやく開眼する様子が描かれています。

もっとも彼は、決して貪欲《どんよく》にがむしゃらになって弓を窮《きわ》めたわけではありません。ただ粛々と修行をしながら、その時を待っていたのです。だからこそ正しく的《まと》を射ることができる強い心を養うことができたのでしょう。このように、「待つ」ということは私たちの心を強くしてくれるものなのです。

言い換えると、それは「自分の中から執着を取り除く」ということでもあります。ヘリゲルが矢で的を射ようと焦っていたとき、師匠はなんと頭の中から的の中心を取り除くようアドバイスしたといいます。焦る原因を取り除くという発想です。つまり「無我の境地になれ」ということです。そうしてはじめて的を射ることができるのだと。

焦らず、やるべきことを淡々とやる

たしかに我執《がしゅう》から解き放たれ、無我の境地に到達することができたとき、人は何事にも動じなくなるでしょう。

たとえば、営業成績がなかなか上がらないと焦っているビジネスパーソンがいたとします。この場合は、そんな成績なんて忘れてしまうということです。ただやるべきことを淡々とやればいいのです。

手に入れたいものや達成すべき目的があるとき、私たちはつい焦ってしまい、結果、失敗します。そんな失敗をしないためにも、積極的に待たなければならないと思います。

さきほどの「頭の中から的の中心を取り除く」を日常で意識してください。そうして待っていることすら忘れてしまったとき、あたかも熟した果実が落ちるかのごとく事が成就するでしょう。

そのとき、私たちの心はとても強い状態にあるといっていいと思います。そして、この状態をもたらしてくれるものこそ、「待つ」という思想にほかなりません。

もちろん現実の生活の中では、何も考えずに過ごすわけにはいきません。弓と日常生活は異なります。焦ってそのことばかり考えるのはいけないにしても、時にはなぜダメなのか、なぜできないのか、頭を整理する必要はあるでしょう。それも待つ思想に求められる要素だと思います。

「待つ」ことで、吹っ切れる

たとえば、私も最初の本を出してからしばらくは、思った通りに仕事が増えないことに焦りを感じていました。本を出したことがきっかけで、テレビをはじめとしたさまざまなメディアに出演したので、きっとどんどん仕事が入ってくるだろうと甘く考えていたのです。

ところが実際には、今のように毎月のように本を出したり、連載を持ったり、メディアに出たりするようになるには、もう少し待たなければなりませんでした。

今から思えば、きっと焦りが表に出ていたのでしょう。その焦りは一つひとつの仕事にも反映されてしまいます。当然、評価も低くなります。それに気づくまで、私は考え続けました。いったい何が悪いのだろうか、何が足りないのだろうかと。そうして1年以上待ち続けたのです。するといつの間にか吹っ切れたような感じになって、自然体で日常を過ごせるようになりました。

いろんなオファーがどっと来始めたのは、そのころからだったように思います。それまでも少しずつ外に向けて発表していたものはありましたが、その内容がだんだんよくなっていったのかもしれません。私の気づかないところで。

まさにヘリゲルが無心になって放った矢に対して、師匠が丁寧にお辞儀をした瞬間と同じです。気づかぬうちに、うまくできるようになっていたのです。

私の場合は文章を書いたり、発言をすることがそれにあたるわけですが。今も焦るたびに、我執がなくなるまで待つことにしています。だから、いろいろなことがうまくいっているのかもしれません。

12

心を落ち着かせるためのリセット法

癒やす

イライラするときは、まずは体を癒やしてあげることで心も落ち着く。

日本の文化は、落ち着いて取り組むものが多いように思います。そしてその目的もまた、心を落ち着かせることにあるのではないでしょうか。

たとえば茶道。もともとお茶は臨済宗の開祖・栄西《えいさい》が中国から持ち帰ったものであるといわれています。その栄西が『喫茶養生記《きっさようじょうき》』の中で説いているのが、お茶によって体を養うということです。

栄西は人間の体に関心を持っていたので、そこから体に対するお茶の影響を説きました。健康のためには心臓を大事にする必要があり、それにはお茶を飲むのが一番いいと主張しています。

もともと中国ではお茶の葉は薬草のようなもので、それを日本に持ち帰ってせんじて飲むことを勧めた栄西にしてみれば、まさに薬を飲む感覚だったのでしょう。

そして、栄西は禅を開いた僧でもあったことから、その後、必然的にお茶が心を養うという流れになっていきます。つまり禅の実践としての茶道の誕生です。この例からもわかるように、体を薬草＝お茶で癒やすことによって、心を落ち着けることができるのです。

イライラしたら、一服してみる

すぐにイライラしてしまう人は、まず体を癒やしてあげましょう。イライラする原因がわかっているときは、その原因を取り除けばいいわけですが、なかなか簡単にできないこともあります。

そんなときは体を癒やすよりほかありません。イライラする原因が不明のときはなおさらです。

私もそうです。イライラとまではいきませんが、仕事をしていて頭の中がぐちゃぐちゃになることがあります。そんなときは、論理的に頭の中を整理する前に、まずお茶の時間にします。私の場合はコーヒーですが。

それで自分を癒やして落ち着いてから、論理的に頭を整理していきます。このいったん落ち着く時間が、とても大きな力を発揮するのです。

なぜなら、落ち着くことでいろんなものが見えてくるからです。あるいはそういう状況が整うからです。

イライラしているときは、周りが見えなくなっているものです。それでは論理的に考えるなどということはできません。

いや、そもそも思考そのものが不可能な状態です。思考には、さまざまな視点で物事を検討する作業が不可欠ですから。

家にいるときであれば、コーヒータイムのほかにはシャワーを浴びるとか、ヒーリング音楽を聴くとか、ひと眠りするとか、夜ならビールを飲むとか、なんでもいいと思います。自分がそれで癒やされるのであれば。

自分を肯定してくれる言葉を用意する

癒やしの言葉を読んだり確認したりするのもいいかもしれません。あらかじめそういう言葉を用意しておいて、イライラしたら見る習慣をつけておくのです。

私が好きなのは、科学者で随筆家でもある寺田寅彦による、『科学者とあたま』という随筆中の次の言葉です。

「いわゆる頭のいい人は、言わば足の早い旅人のようなものである。人より先に人のまだ行かない所へ行き着くこともできる代わりに、途中の道ばたあるいはちょっとしたわき道にある肝心なものを見落とす恐れがある」

イライラしたり、行き詰まっているときは、何らかのダメージを負っているわけですから、まず自分を肯定することが大事です。そのままでいいんだよと励ましてあげなければなりません。

この寺田寅彦の言葉も、急ぐだけが能ではないことを説いてくれている点で、私の心を落ち着かせてくれるのです。

誰もがみな、それぞれ不安や悲しみがあるでしょうから、自分にあった言葉を用意しておいて、常に参照するようにすればいいのです。お茶でも飲みながら……。

13

本当に必要なものを追求する方法

簡素化する

頭の中がごちゃごちゃしたとき、ユニクロや無印良品の商品のように無駄なものをそぎ落とせば、本当に必要なものが見えてくる。

日本の思想といえば、いの一番に出てくるのが「ワビサビ」です。これは「ワビ」と「サビ」という二つの類似した概念をセットにしたものです。ワビという言葉は古代から使われていましたが、ただそれは物悲しいだとか、心細いということを意味するにすぎませんでした。

それが安土桃山時代になると、肯定的なニュアンスをもつようになります。背景には、村田珠光《むらたじゅこう》などが茶の湯の美をワビの振る舞いとして再定義したことが挙げられます。不足した状態だからこそ、簡素で閑寂《かんじゃく》なよさがあるというものの見方です。

こうした物質的な不足を前提とするワビに対して、サビは心情的な孤独さを前提とします。松尾芭蕉の俳諧が表現するひっそりとした寂しい境地がこれにあたるでしょう。いずれも簡素化するという点では共通しています。

茶道や俳諧《はいかい》のような伝統芸能だけでなく、日本ではあらゆる事柄において簡素化することがよいことであると認識されているように思われます。ユニクロや無印良品が世界でも受けているのは、そうした日本的な簡素化のコンセプトが評価されている証拠ではないでしょうか。

最初から簡素化して考えよう

色も簡素、形も簡素、それはうら寂しいどころか、むしろ美しい。さらに機能的でさえある。そんな境地を目指すのが思想としての簡素化です。

ところが、私たちは何かをする際、ついつい物事を足したり、拡大したり、派手にしたりという発想をしがちです。

それは何かをするという能動的な行為がもたらす当然の発想なのですが、そのようなことでは日本的よさは発揮されません。

何かをするという能動的行為にもかかわらず、あえて簡素に行う、あるいは簡素化するという発想をすべきです。そうすると、余計なものを足したり、拡大したりということはなくなるはずです。本当に必要なものを追求することができるのです。

もちろん後から余分なものをそぎ落とすことも可能ですが、一度膨らませてしまったものを取るのはそう簡単ではありません。それが他の誰かのアイディアだったりする場合は、別の事情で外せないなどということが起こりかねません。だから、最初から簡素化して考えるのがいいのです。

頭の中がごちゃごちゃになったら

よく頭の中がうまく整理できないという人の話を聞きますが、それはいろいろなことをごちゃまぜにして頭の中に置いているからです。部屋と同じで、整理せずに物を置いておくと、必要なものを探すのに苦労します。

そのような事態を避けるには、どうすればいいのでしょうか。

それは、最初から整理して物を置いていけばいいのです。

持って帰った物、届いた物を手あたり次第ポンポンと部屋に投げ込んでいくと、もう収拾がつかなくなります。特に困るのは書類です。だから書類はここ、と決めておく。そして不要な書類は即捨てる。衣類や本も場所を決めて整理して収納する。もし不要であれば、その場ですぐ捨てることです。

そうすれば物の量を減らせますし、きちんと整理ができます。頭の中に入ってくる情報に関しても、これとまったく同じことをするのです。

まず物と同じように、不要な情報は最初から入れないようにするのがコツです。覚えておくべきことだけ覚える。それでも必要なことや印象の強いものはどこかに残っているはずですから、心配はいりません。

次に、頭の中にあたかも情報の整理棚があるかのように想像して、そこに情報を分類して入れていきます。分類の基準はその都度適当に決めればいいでしょう。優先順位でも、好き嫌いでもなんでもいいと思います。

これはイメージの問題であって、本当にそこに入れるわけではありませんから。でも、この作業をしておくと不思議と頭がこんがらからなくなるものです。

そうしてはじめて、本当に必要な物だけを追求できるのです。

第三章

人間関係がうまくいかないときに

14

息苦しさから解放されるための思想

間をとる

距離的にも時間的にも相手と間をとることで、人間関係の息苦しさから解放される。

日本人は間をとるのが得意です。間をとるというのは、適切な距離を置くことであり、また適切な時間調整をすることでもあります。

たとえば距離でいうと、あいさつをする際お辞儀をします。あれは近すぎるとぶつかりますし、離れすぎているとうまく伝わりません。だからちょうどいい距離でやるのです。

かといって、どれくらいの距離を開けると決まっているわけでもなければ、誰かから教わるわけでもありません。そんな距離が自然にとれるというのはすごいと思いませんか？

欧米だと握手をしたり、ハグをしたり、時にはあいさつとしてキスをしたりします。この場合、相手に接触するので、必然的に距離が決まってきます。だから適切な距離をとろうという発想がないのです。

なぜ適切な間をとったほうがいいかというと、そうでないと本当のことが見えないからです。

かつて「間」には「真」という字が使われていたともいいます。つまり、間には真理があるということです。なんでもそうですが、あまり近すぎると見えませんよね。また、逆に遠すぎても見えないのです。だから適切な距離が求められます。時間もそうです。

たとえば友達とけんかをしたとしましょう。その場合、すぐに相手と会うと、またけんかしてしまいます。反対に、あまり長い間会わないと、もう友達ではなくなってしまうかもしれません。

お互い冷静になったころを見計らって、ちょうどいい時期に会うのがいいのです。そうすることではじめて、うまく仲直りできるのです。

そういえば、間を「あいだ」と読めば、間をとるというのはちょうどいい中間のものをとるという中庸《ちゅうよう》の意味になります。

「KY」な人は、何が足りないのか

とりわけ人間関係には、距離的にも時間的にもうまく間をとることが求められます。それは和辻哲郎《わつじてつろう》の唱えた「間柄」という概念からもわかります。和辻は、人間を人と人との間、つまり関係性の存在としてとらえました。だから人が誰かとかかわる際には、この間をどうとるかがすべてになってくるわけです。極端にいうと、間がゼロだとそれは相手の存在を否定することにもなるということです。

いわゆる「KY」といわれがちな人は、おそらくこの間をうまくとれていないのが問題だと思うのです。距離的にも時間的にも。特に、相手の領域に入りすぎることによって嫌がられるということが多いと思います。

したがって、これを防ぐには、まず形式的に適当な時間と距離をとるよう心がけるといいでしょう。そうすることで、少なくとも近すぎたり遠すぎたりという問題は防げます。

つまり、あまり深く人の事情に首を突っ込んで、かかわっていかないようにするとか、いつもべたっとくっついていかないとか、反対に無関心すぎたり、疎遠になりすぎたりしないようにすればいいのです。

そうしているうちに、適当な距離がわかってくるはずです。

密な人間関係で息苦しいときは

なかには、家庭や会社、サークルなどの密な人間関係に息苦しさを感じている人もいると思います。義理の両親との同居、苦手な上司や同僚と組まなけれ

郵便はがき

切手を
お貼りください

105-0003

（受取人）
東京都港区西新橋2-23-1
3東洋海事ビル
（株）アスコム

日本人がよく使う何気ない言葉には、「美しい生き方のヒント」が隠されている。

読者 係

本書をお買いあげ頂き、誠にありがとうございました。お手数ですが、今後の出版の参考のため各項目にご記入のうえ、弊社までご返送ください。

お名前	男・女	才
ご住所 〒		
Tel	E-mail	
この本の満足度は何％ですか？		％

今後、著者や新刊に関する情報、新企画へのアンケート、セミナーのご案内などを郵送またはeメールにて送付させていただいてもよろしいでしょうか？
□はい　□いいえ

返送いただいた方の中から**抽選で5名**の方に
図書カード5000円分をプレゼントさせていただきます

当選の発表はプレゼント商品の発送をもって代えさせていただきます。
※ご記入いただいた個人情報はプレゼントの発送以外に利用することはありません。
※本書へのご意見・ご感想およびその要旨に関しては、本書の広告などに文面を掲載させていただく場合がございます。

●本書へのご意見・ご感想をお聞かせください。

ご協力ありがとうございました。

ばならないプロジェクト、嫌いな仲間と一緒に出なければいけない試合等々。コロナ禍で家族が四六時中、顔を合わせているという状況もそうかもしれませんね。

そんなときは、どこかで距離をとればいいのです。一緒に住んだり、一緒に仕事をしたりするということ自体は避けられないにしても、だからといって距離をとることが不可能なわけではありません。

たとえば、家の中でも四六時中、顔を合わせていては息苦しいでしょうから、できるだけ外出する用事を入れるとか、仕事でもうまくひとりでやれる仕事を増やすとか、何らかの工夫をすることはできると思います。

時には強制的に間をとることも有効です。ひとり旅に出たり、仕事を休むというふうに。スポーツの試合でも、タイムをうまくとれるチームが勝つものです。ぜひ試してみてください。

15

コミュニケーションを円滑にするためのネットワークづくり

結ぶ

人との縁やネットワークを結ぶことで円滑なコミュニケーションが実現する。

縁結びから相撲の結びの一番まで、私たちの日常の生活の中でも、「結ぶ」という字をよく見受けるように思います。

実は私は、結ぶという発想も日本の思想の特徴を表したものだと考えています。その淵源《えんげん》は縄文時代にまでさかのぼることができます。

なぜなら、縄文土器の縄の文様は、縄であるがゆえに結ぶというイメージを表しているからです。ただ、それは単に物理的に縄を結ぶというだけでなく、神道などにおいて万物を生成させる霊的な働きをあらわす「産霊《むすび》」のように、生命を結び合わせることをも意味していました。

縄文土器の縄の文様に、産霊の意味が込められているであろうことは、その使用例からもうかがえます。そもそも縄文土器は、われわれの生命をつなぐのに不可欠な食べ物を入れるものとして使われだしたのです。

縄の文様が、意識的に命と命を結ぶ象徴として用いられていたのかどうかはわかりませんが、少なくともそこに何かをつなごうとする古代人の思いが込められていたことは推測できます。

聖と俗を分けるもの

また、神道や仏教には「結界」という概念があります。聖なる領域と俗なる領域を分けるという発想です。神道における注連縄《しめなわ》は、まさに縄で結ぶことによって、その中を聖、外を俗として区別しようとしています。そして結ぶことで魂が込められるため、結び目には特別な意味が与えられます。

注連縄の結び目も工夫されますが、結婚式などで使うご祝儀袋の水引で見栄えや意味が重視されるのは、そうした理由からです。結び目にもまた、人の思いが表現されているのです。

こうして一般に、日本では結ぶという行為自体が、重要なものとしてみなされるようになります。

映画『君の名は。』が大ヒットしましたが、あの物語の中でも結ぶという行為は日本人にとって大切なものとして描かれていました。

たしかに、赤い糸で結ばれた男女から固い絆で結ばれた共同体の紐帯《ちゅうたい》に至るまで、日本では人と人が結ばれるのをとても重要なこととして位置づけています。そもそも社会の結びつきを意味する紐帯は、ヒモとオビを意味する語です。

これに対して西洋では、何かと何かを結ぶというよりは、あるものが単体で価値を持ち、それで完結することをよしとしているように思えてなりません。個人の自立性や独立性が重視されるからかもしれませんが、縁やネットワークを結ぶことで物事を進めるという発想が希薄であるように感じるのです。

日本人が結ぶという概念を重視するのは、それによって実際にいい効果が生じるからです。縁結びにとどまらず、人間関係の問題さえも解決することができます。

人と人を結ぶことでプラスの効果を生む

たとえば、人間関係がもつれてしまったとします。こういうとき、当事者だけではなかなか問題は解決できません。誰か間を取り持ってくれる人が必要なのです。

共通の友達だとか、教師や上司、時にはカウンセラーや弁護士などプロのほうがいい場合もあります。間を取り持ってくれる人が当事者をつないでくれることではじめて、円滑なコミュニケーションが実現するわけです。

夫婦げんかでも当事者だけで話していると、感情的になってすぐに別れるという結論にいってしまいがちです。でも、共通の友人などに間に入ってもらうと、その人を介することで素直にいいたいことがいえるものです。その結果、お互いの気持ちを理解することができるようになるのです。

これはまさに人と人を結ぶことによって、いい効果が生じる例だといっていいでしょう。もちろん、映画『君の名は。』でも示唆されていたように、糸のようなもので結ぶと、絡まったり、切れたりすることもあります。

でも、結ぶという行為が素晴らしいのは、それでもまた結び直すことができるという点です。だから関係が永遠に続くのです。

かといって、むやみやたらに結びすぎると、かえって問題を生み出すことも考えられます。ＳＮＳで人とつながりすぎて、自分の情報が知らない人にまで拡がってしまい困るという話を耳にすることがあります。度が過ぎるのはよくないということです。ヒモもあまり多いと絡まってしまいますから……。

16

強《きょう》靭《じん》さを生み出すための思想

型をつくる

型や形式を意識してあえてそれに従うと、仕事やスポーツ、芸術の活動に美しさや強靭さが生まれる。

日本の文化にはさまざまな様式、あるいは決まりがあります。茶道にも華道にも実に細かいやり方があって、それを習得することに意義があるとされます。このさまざまな様式のことを「型」と呼ぶこともできるでしょう。

日本にはそんな「型をつくる」という思想が息づいているのです。実際、縄文土器の時代から、日本では実にさまざまな型がつくられてきました。時には型が生活を支配するというようなことすらあったのです。

平安時代の貴族が重んじた、年中行事や儀式などの先例＝有職故実《ゆうそくこじつ》はまさにそうでしょう。

平穏な時代が続き、宮廷の政務がルーティーン化していく中で、型に即してきちんとすべてを執り行っていくことこそが大事だとされるようになったのです。そうして実に細やかな型がつくり出されていきました。

「型」とは長い時間をかけて、つくり上げられるもの

その型について鋭く分析したのが、日本思想史家の源了圓《みなもとりょうえん》です。源は、型とは、ある形が持続化の努力を経て洗練されることによってできあがるものだといいます。これは芸道を見れば明らかです。

たとえば源は、世阿弥《ぜあみ》の能に「守《しゅ》・破《は》・離《り》」という型の理論を見出します。世阿弥は最初、父・観阿弥《かんあみ》の教えを守って「物まね」を中心とした稽古《けいこ》に勤しんでいましたが（＝守）、その後ついに型を破り（＝破）、最後には最高到達点に至った（＝離）ということです。

日本の伝統芸能が素晴らしい型を有しているのは、それが一朝一夕にできあがったアドホックなものではないからです。そうではなくて、基礎から始めて

稽古に稽古を重ねたうえで、ようやく完成するものなのです。

型をつくるという発想を日本思想として見たときも、やはりこの点に着目する必要があります。

それは何事においても長い時間をかけて、慎重に型をつくり上げていくということです。だから強靭な型ができあがるのです。


よく、何をするにしても型にとらわれてしまって困るという人がいます。でも、今、お話ししてきたような型の大切さに着目すれば、それが必ずしも悪いことではないと気づいていただけるのではないでしょうか。

同じことは、日本の様式を紋切型だとか、煩雑《はんざつ》だとかいって切って捨てる態度にも当てはまります。


決して、型通りやることそのものが悪いわけではありません。問題なのは、あくまで型にとらわれてしまうという状態です。それは強度を生み出すどころか、形だけまねしているにすぎない脆弱《ぜいじゃく》な姿勢だといえます。

そうしたネガティブな方向にいかないようにするためには、型通りやることの意味を常に考えるということが大切だと思います。

個性を出す前に、まず型にはまってみる

型や形式には意味があります。同じようにきっちりやることではじめて、効果を発するもの、美しさや強さを持つものがあるのです。これは役所の様式からさまざまな儀式の手順、そしてスポーツや芸術の型など、型という型すべてに通じるものだといっていいでしょう。

逆に、型や形式の意味を意識して、あえてそれに従うとき、私たちの行為は強度を増し、時に最高到達点＝「離」の域に達しうることさえあります。

我流でやること、型を崩すこと、オリジナリティを出すこと――。これらはいずれも型を完全にマスターした人がやるから意味を持つのであって、そうでなければ、ただのおかしな振る舞いにすぎません。

仕事でも趣味でも、ついつい早くオリジナリティを出したくなるものですが、最初はじっと我慢です。

型や形式の意味をよく考えながら、それを繰り返す。そうすれば、オリジナリティなどというものは自然に出てくるものです。

くれぐれも慌ててはいけません。

17

ハイブリッドなハーモニーを
生み出すための「いいとこどり」

一体化する

新しい人が入ってきたら、ハイブリッドな組織になれる
チャンス。これまで以上にいいハーモニーが生まれる。

日本には「物事をひとつにまとめる」という素晴らしい思想があります。聖徳太子の「和の精神」に始まり、神仏習合《しんぶつしゅうごう》から和魂洋才《わこんようさい》まで、一貫してこの国にハーモニーと同時にハイブリッドな強靭《きょうじん》さをもたらしてきました。

仏教以前の在来神に由来する神道が、仏教とうまく共存していけたのは、まさに神仏習合、とりわけ仏が神の姿をとって現れたと考える本地垂迹説《ほんちすいじゃくせつ》のおかげだといえます。

神と仏が一体化できるとなると、もうそれ以下の物事は、なんでも一体化可能ということになります。

そもそも日本社会には、多くの外来思想が入ってきました。その都度、在来の思想は、そうした外来思想をうまく取り込んで、ハイブリッドな思想を生み出していったのです。

ただ、まったく受け身で単純に足し算をしてきたわけではありません。あくまでより強くなるための一体化ですから、日本の独自性が失われないように、いいとこどりをしてきたといっていいでしょう。

もともと日本人はハイブリッドが得意だった

その典型例のひとつが「和魂洋才」という言葉です。

江戸時代後期、西洋文明が入ってきたとき、佐久間象山《さくましょうざん》のような先見の明がある思想家は、「あくまで魂は日本のままに、西洋の優れた技術だけ取り入れる」ということを主張したのです。まさにハイブリッドです。その精神は、現代でもなお受け継がれています。

たとえば、現代日本のものづくりは、よく海外のまねだと揶揄《やゆ》されることがありますが、決してそんなことはありません。見かけは似ていても、中身、とりわけ精神の部分がまったく違います。

それは、ユーザーがどのように使うかをとことん考えて配慮する気配りの部分に表れています。だから、クオリティが高く壊れにくいのです。これぞ日本式の一体化だといえます。

この理屈は、人間関係にも当てはまります。たとえば、職場に新しい人が入ってきたようなとき、せっかくこれまで培《つちか》われてきた一体感が崩れるような気がするときがあると思います。これは当たり前のことでしょう。スポーツのチームでもそうですが、新メンバーの加入は、常に新たな一体感を築くためのチャレンジなのです。

そんなときこそ、日本人が得意な一体化の思想を発揮するべきです。たとえその人がどんなに風変わりな人であろうと、外国の人であろうと、組織をハイブリッド化するいいチャンスだととらえて、新たなハーモニーをつくり上げればいいのです。

たしかに人間は、今あるハーモニーを守ろうとしがちですから、どうしても異質なものに警戒を示すものです。そして心のブロックを築くのです。

いったんハーモニーが崩れるのは間違いありませんから、それも致し方ないでしょう。でも、新しいものとの一体化によって、これまで以上にいいハーモニーをつくり出せると信じればいいのです。

新しい人間関係を円滑にするために何をするか

思い出してみてください。最初から今のハーモニーがあったのかどうか。

おそらくいつも、最初はぎくしゃくしていたはずです。それがいつの間にか、素晴らしいハーモニーになっていったのではないでしょうか。

そう、日本人にはそんなハーモニーをつくり上げる一体化ができるのです。

うまくやるコツは、みんなを全部同じ色に染めてしまおうとしないことです。それだと逆に軋轢《あつれき》が生じます。人はみな違う個性を持ち、違う考えを持っているのですから。

そうではなくて、いいとこどりをすればいいのです。先ほど紹介した和魂洋才と同じです。

その人の核となる部分はそのままに、みんなで一緒にやるべきところだけ一体化していく。これぞハイブリッドなハーモニーを生み出すための思考法といえるでしょう。

18

正しいことを直感的に読みとる力

感じる

普段、何気なく見過ごしているものを、じっくりと観察してみる。そうすると、物事に対して意識を向けられるようになり、人間関係がうまくいく。

日本の文化ほど感受性が豊かなものはないでしょう。四季どころか二十四節気《にじゅうしせっき》といって24もの季節の区分があるくらいですから、必然的に感受性が豊かになるのかもしれません。

それを象徴する言葉が「もののあはれ」です。

「もののあはれ」とは、自然などの変化に触れることで抱かれるしみじみとした感情のことです。

本居宣長《もとおりのりなが》は、『源氏物語』にその精神を見出します。つまり、物事に対して率直に感情を表現することの意義を訴えた作品としてとらえたわけです。

宣長にいわせると、そうした感情の率直な表現こそが人間らしさであり、大切にすべきものなのです。

西洋の哲学では、ソクラテス以来、どうしても考えることを優位に置きがちですが、本当はまず「感じる」ことが来るはずです。感じることによって、はじめて考えることができますし、また逆に考えの過ちを正すのも感じるという営みなのです。

『源氏物語』に限らず、日本の古典作品には、どのジャンルでも感じるという要素を前面に出したものがたくさんあります。和歌はその典型だといっていいでしょう。そもそも歌は、感じたものを率直に言葉で表現する芸術です。

「空気を読む」行為の利点とは何か

そういえば、日本には阿吽《あうん》の呼吸や空気を読むといった表現があります。あれも結局は感じているのではないでしょうか。

言葉なくして感じる。一見原始的に聞こえますが、実は文字よりも優れています。

そのほうが、より多くの情報を手に入れることができるからです。言葉を超えた文脈や周囲の状況まで取り入れることができるのです。

そうした意味でも、考えるより感じることのほうが優れている点が浮かび上がってくるでしょう。

また、感じるという営みは、考えることに比べて、素早い状況把握能力に適しています。いちいち論理的に考えるまでもなく、直観的に何が正しいのか、何が求められているのかがわかるのです。

鈍感だとか空気の読めないKYな人間だとかいわれる人は、この感じる力を養うことをお勧めします。感じることは必ずしも100%素質ではなく、鍛えることができるからです。

たとえば、「もののあはれ」ではないですが、身の回りのものにもっと目を凝《こ》らしてください。普段、何気なく見過ごしているものを、じっくりと観察してみる。そうすると、物事に対して意識を向けられるようになります。

身の回りの人や物に意識を集中する

人間観察という表現があるように、あたかも子どものころ夏休みにやったアサガオの観察のごとく、人を見てみてください。

自分が話をしている相手の表情や仕草を、よく観察する。そうすると、つまらなさそうにしているとか、ムッとしているといった様子がわかるものです。

人の気持ちは、顔や仕草に現れます。目が笑っていなかったり、腕組みを始めたりというふうに。ＫＹといわれる人は、そういう表情や仕草をとらえることができないから、相手が嫌がっているときでも話を続けてしまったりするのです。

観察だけではつまらないという人は、スマホを使って物や風景の写真を撮るというのはいかがでしょう。そしてその写真をインスタグラムなどに投稿するといいでしょう。

写真を撮って投稿することを趣味にしている人は、対象物を魅力的に見せるために何を選ぶかはもちろんのこと、色彩感覚やアングルまで、対象を感じるための神経を研ぎ澄ませている気がします。

誰しも人に見られると思うと、意識を集中させるものです。

こうして身の回りのものに意識を集中させる習慣が身につけば、おのずと感性は鋭くなっていくはずです。せっかく微妙な季節の変化がある国に住んでいるのですから、それを生かさない手はありません。自然も人間も同じです。感じるためにはじっくり観察することから始めてみてください。

19

人間関係に必要な健康な甘え

頼る

職場、家族、親せき関係。甘えときっちり区別して、信頼関係を前提に、力を借りたり、貸したりしてみる。そうすれば依存状態に陥ることはない。

頼るということであまりよくないことであるかのように聞こえますが、決してそんなことはありません。たとえば親鸞《しんらん》のいう絶対他力《ぜったいたりき》は、救いのすべてが阿弥《あみ》陀仏《だぶつ》の力とはからいによるものであるとする考え方です。だからこそ、努力できる善人だけでなく、誰でも救われるという結論になるのです。

人間はついつい何でもできると思いあがりがちです。しかし、それは不可能なのです。自らの限界を知り、時には誰かに任せてみることも大事だといえます。幸い日本人の場合、絶対他力を唱える仏教徒に限らず、頼るのは比較的得意なほうです。

こうした頼るという日本人のメンタリティを、精神分析の知見から論じたのが土居健郎《どいたけお》の『「甘え」の構造』です。土居は、人間関係において相手の好意をあてにして振る舞うことを甘えと呼びました。そのうえで、自己愛に基づく病的な甘えと、互いに信頼し合うという意味での健康な甘えを区別し、健康な甘えはむしろ社会に必要だと主張したのです。

つまり、互いに信頼することで他者に頼れる社会のほうがいいということです。本来、日本社会というのはそうした相互信頼によって成り立ってきたのです。現代社会では、信頼関係は希薄になってきているかもしれません。でも、まったくなくなってしまったわけではありません。西洋社会に比べれば、十分信頼し合っているといえるでしょう。

部下や後輩は甘えさせたほうがいい!?

それは治安のよさをみれば明らかです。だから頼ることは素晴らしいことなのです。

問題は、頼ることと依存することの線引きが曖昧《あいまい》な点です。

たとえば、職場の部下や後輩が自分に頼ってくるとしましょう。この場合、あまり甘やかすとその人のためにならないし、かといってムクれられても困ります。こういうときは、まず相手がどういう気持ちで頼っているのか見極める必要があります。

『「甘え」の構造』が指摘するように、依存とは自己愛に基づくわけですから、そこには自分も人を支え、信頼に応えようとする姿勢が見られません。いわば自己中心的なのです。

これに対して、頼るというのは、あくまで社会の一員としての役割、お互いに支え合っているという意識があるように思います。今回は自分が力を借りるけれども、次は反対の立場になるかもしれない。頼ることと依存することの違いは、そういう自覚があるかどうかです。

したがって、部下や後輩にそうした自覚があるなら、どんどん頼らせてあげればいいのです。きっと今の状況を乗り切れば、今度は自分が人に頼られる存在になるはずですから。もしそういう自覚が感じられないなら、それはただ依存しているだけの人ですから、厳しく突き放してあげたほうが本人のためにもなるでしょう。

職場に限らず、いまは家族間や親せき同士でもどこまで甘えていいのか、その境界線が曖昧になっています。それもやはり同じように、本人の自覚次第なのだと思います。

家族間の「甘え」の線引き

人生はいつもうまくいくわけではありません。生活に困ることだってあるでしょう。

そんなとき、一番甘えやすいのが家族です。ただ、甘えやすいがゆえに遠慮がなくなり、病的な甘えになってしまうのです。

その状態に陥るのを避けるためには、本人の自覚を確認することです。あくまで今の苦境を乗り切るために一時的に頼るだけのつもりなのか、あわよくばずっと依存し続けるつもりなのか。

もちろん、病気などでやむを得ず甘え続けなければならないということもあり得ます。でも、それでも自覚があるのとないのとでは、その他の部分で変わってくるはずです。自覚があれば、できることは自分でやろうとするでしょう。

少なくとも甘えることに感謝の念を抱くはずです。そうした気持ちが互いの信頼を醸成するのです。要は気持ちなのです。

20

尊敬を集める義理と人情の思考

筋を通す

「義理と人情」の精神を大切に。たとえ自分に不利益で不器用な生き方であっても、それを選んでみると、人間としての魅力が増し、尊敬される。

日本人は筋を通すといわれます。私たちにとってはそれが当たり前になっているので、時に外国の人たちの割り切った態度に驚くことがあります。困ったときにこちらが助けてあげても、必ずしもお返しに助けてくれるとは限らないとか。

文化の違いですから、仕方ないのでしょう。逆に西洋の人にしてみれば、義理堅いまでの日本人の行動は、理解不可能ですらあるようです。たとえば、恩のある人のために自分が犠牲になるというような発想です。

日本ではこうした「筋を通す」という思想は、義理と人情という形で古くから親しまれてきました。江戸時代に浮世草子の井原西鶴《いはらさいかく》や人形浄瑠璃《じょうるり》の近松門左衛門などによって表現されたジレンマとしての感情です。筋を通せば自分が困る、でも筋を通さないわけにはいかないという心の葛藤《かっとう》です。

江戸時代の遊女は、強い恋慕《れんぼ》を示すため指を切ってだんなに贈っていたといいます。あるいは、近松の描いた「心中物」では、筋を通すために命をも投げ出すことが高く評価されます。

これはたしかに西洋人には理解できないでしょう。武士の切腹もそうです。たとえば『忠臣蔵』の浪士たちが、主君の仇《あだ》を討って自決する姿は、いったい彼らの目にどう映るのか。

日本人が好きな義理と人情

日本の映画には、この義理と人情がよく描かれています。日本人は任侠物《にんきょうもの》映画が好きですが、それは決して暴力が好きだからではありません。そうではなくて、やむにやまれず敵を討つ、そして自らを犠牲にするというその筋を通す部分にしびれるのです。

ある意味でそれは、不器用な生き方であるともいえます。もっとうまく立ち回れば、殺さなくてもすんだり、死ななくてもすんだりします。ところが、任侠物映画の主人公にはそれができません。その不器用さが、また魅力的なわけです。

日本人はそんな筋を通す思考を、日常生活からビジネスまで、あらゆるところで活用しています。いや、わざわざ活用するというよりは、自然にそうなってしまうのでしょう。でも、意識的にこれを活用すれば、もっと効果があるように思います。

価値観が多様化してくると、判断に迷うことが増えます。そんなとき、あえて筋を通すという道を選択してみてはどうでしょうか。何らかの犠牲を払うことになるかもしれませんが、きっと西洋人にはできないようなすごい選択が可能になるはずです。

特に、西洋の合理主義や功利主義からすると、量的成果をあげることは不可欠であり、ましてやお金が絡むなら、絶対にそれが増えるような選択をしなければなりません。ところが、筋を通す思考では、そんなものはどうでもいいのです。むしろ大事なのは人間の心です。だから日本人は尊敬されるのです。

筋を通す人はリスペクトされやすい

自分が周囲から尊敬されていないなと思う人や、尊敬されたい人は、この点に注意するといいのではないでしょうか。成果をあげても必ずしも尊敬されるわけではないので、むしろ成果を度外視して、犠牲になってみるのです。

たとえば、部下のミスを自分の指導が甘かったせいだと言って、かばうとか。今はそうした上司が減っています。こういうことをすると、一時的に損をするかもしれませんが、それには代えがたい尊敬を得られるに違いありません。

具体的にどうすればいいかわからないという人は、筋を通す思考が身につく映画を観るのもいいかもしれません。

先ほど任侠物映画を例に挙げましたが、『仁義なき戦い』のような世界はさすがに自分の生活とかけはなれているというなら、『男はつらいよ』シリーズの寅さんはどうでしょうか。

それでもまだリアリティがなければ、高倉健さん主演の作品は任侠物に限らず、いずれも筋を通す思考のお手本になりうると思います。そういう役柄が多かったのは、高倉健さん自身が筋を通す人だったからかもしれません。

実際多くの映画関係者から尊敬されている方です。日本文化を学ぶ友人のアメリカ人が『鉄道屋《ぽっぽや》』の健さんを見て、「He is the Japanese.（彼こそまさに日本人だ）」といって涙を流していたのを覚えています。

第四章

自分の感情や悪い習慣をおさえられないときに

21

精神的満足を得るための思想

無になる

無＝ゼロではなく、無限！　無を追求し、それを極めることで、私たちはこの上ない精神的な満足を得ることができる。

古代ギリシア以来、西洋では存在の意味を問い続けてきました。「無」からは何も生じないと考えていたからです。

これに対して、日本ではそうした西洋のいわば「有」の哲学に対して、「無」の哲学こそが独自のものとして提起されたといっていいでしょう。

その典型が、日本を代表する哲学者、西田幾多郎《にしだきたろう》の思想です。ただ、それ以前から、仏教の禅宗などで無について探究されてきたのも事実です。そうした歴史を踏まえたうえで、西田は「無の哲学」ともいうべきものを大成したのです。

西田は、あらゆる物が「場所」という概念から生じると考えます。その場所の概念を極大化していくと、それは無になるというのです。

というのも、逆に場所が有だとすると、ある有を生み出すにはそれより大きな有が必要になります。つまり、無限に大きな有を生み出すにはそれ以上に大きな有が必要になるわけですが、無限より大きいということは考えられません。

だから無こそが無限であり、すべてを生み出す場所だという結論になるのです。この場合、無はもはや有の対立概念ではなく、「有をも生み出す絶対的な場所」という意味で、「絶対無」と呼ばれます。西洋哲学には「無から有は生じない」という原理がありますが、日本思想の場合それは十分可能なのです。

このように無を肯定的にとらえる思想は、日本独自のものだといえるでしょう。だから何もない庭を美しいといったり、絵の中の空白部分がいいといったりするのです。

「無」からアプローチしてみよう

あるいは物がないことさえ、いいことだとされることがあります。

「断捨離」のように不要なものを持たないライフスタイルが流行するのは、無をよしとする日本の思想が背景にあるからではないでしょうか。

したがって、物事を考えるときは、何かをつくったり、買ったり、増やしたりするというところから始めるのではなく、いかになくしていけるか、無に近づけることができるかというアプローチをしてみるのはどうでしょうか。

浪費癖が止まらず、毎月カードの支払いに苦労する人が増えているという話をよく聞きますが、それもまた無を追求することで解消されると思います。

消費というのは、物を買ったり、増やしたりすることに意味があります。買い物をしてストレス発散をする人もいます。この場合、欲しいものを手に入れるというより、それを購入したという行為そのものに満足している側面があるのです。

いわばそれは、何かを増やしたことへの満足感であって、有という目的を達成したからこそ喜びが得られるのです。とするならば、同じく無という目的を達成したときもまた、何らかの喜びが得られるのではないでしょうか。

ただしこの場合は、何かを増やしたことに対する満足感ではなくて、増やさなかったことに対する満足感ですが。

「無」の追求で精神的な満足を得られる

なんだかおかしなことをいっているように聞こえるかもしれません。でも、世の中には節約自体に満足を覚える人もいますし、物を捨てれば捨てるほどすっきりする人もいます。そちらのほうにベクトルを向けることさえできれば、得られる満足感は消費によるものであろうと、「断捨離」によるものであろうと何ら変わりません。

先ほど、「無は有さえも生み出す」といいましたが、この場合の有は決して物質的な満足ではなく、精神的な満足にほかなりません。

無を追求し、それを極めることで、私たちはこの上ない満足を得ることができるのです。なぜなら、消費を際限なく追求するのには無限のお金が必要ですが、無の追求は自分次第でいくらでもできるからです。

22

過ち を赦《ゆる》し、心穏やかに生きるコツ

清める

「水に流す」＝日本式のリセット術。人ともめたとき、相手の過去の罪やわだかまりを赦し、受け入れ、とがめないことが心穏やかに過ごすコツ。

日本の思想を象徴する言葉として、清く明《あか》き心をあらわす「清明心」が挙げられることがあります。

日本では、古代から自然のように清らかで、うそ偽りのない誠実な心情が尊ばれてきました。その反対が、濁心（キタナキココロ）や私心（ワタクシゴコロ）です。これらは利己心のことであるといってもいいでしょう。

日本社会は共同体の秩序を重視しますから、利己心によってその秩序が乱されることを嫌ってきました。そうした利己心こそが社会に害悪や病気をもたらした元凶であるとして、罪や穢《けが》れと呼ばれました。したがって、その罪や穢れを取り除くことが必要だと考えられたのです。

ただし、日本の場合、罪や穢れを消滅させるという発想ではなく、それを水に流して清めると考えます。

だから、今でも過去の罪やわだかまりを赦す際、よく「水に流す」という表現を使います。

水で清めなければならないという発想は、逆にいうと、それだけ簡単に罪は消すことができるということです。

物事は本来、善であって、その上にまるで泥のように罪がかぶさっている。だから水で清めれば、また元の善の状態に戻る――ということです。悪い部分を切り取ったり、まして死んで償う必要はないのです。いわば《日本式リセット》です。

赦すことで、心穏やかに生きる

だから、この発想を用いれば、どうしても怒りが収まらない相手だって簡単に赦すことができるようになるでしょう。罪に限らず、ちょっとした過ちもそうです。清めの思想は赦しの思想でもあるのです。過ちを消し去ることができるのですから。もし過ちが消し去ることができないものなら、清めるなどという発想は出てこないはずです。

他方、赦すというのは、過ちを受け入れ、相手をとがめないということです。そのためには、いつまでも過ちを残しておくわけにはいかないのです。

たとえば、ルール違反をする人がいたとします。その人をいつまでも赦すことができないとしたら、イライラするだけでなく、人間関係もぎくしゃくしたままになることでしょう。それではよくないので、赦すという行為が求められるのです。

そのとき、清めることで過ちが消えると考えることができれば、赦すことが可能になるのではないでしょうか。もちろん、実際に過ちがスッキリ消えてしまうわけではありませんが、少なくともそう考えることはできるはずです。

よい人間関係を続けていくために必要なこと

この狭い日本のような国で共存していくためには、そんな赦しの思想を共有する必要があるのです。そうでないと、いがみ合ったり、恨んだりしながら生きていかなければなりません。

人間は過ちを犯す生き物ですから、それをいつまでも根に持っていては、共同体が成り立ちません。それは、家族でもそうでしょうし、仲間内でもそうでしょう。もちろん職場でも。

過ちのレベルも信号無視のような法律違反から、混雑した場所で人にぶつかるとか、待ち合わせに遅れてくるといったマナー違反までさまざまです。しかも、この次元の過ちなら、誰もが日常的に犯しているのではないでしょうか。

だからといって、決して過ちを正当化したり、開き直っていいなどといっているわけではありません。

誤解しないでいただきたいのですが、そうではなくて、日本にはせっかく清めるという素晴らしい思想があるのだから、きちんと段階や儀式を経たなら赦していいのではないかといいたいのです。

たとえば、よく話題になりますが、パートナーが不倫をしたとしましょう。国によっては即離婚というところもあります。でも、不倫されたほうが納得するように誠意をもって謝罪し、かつ本当にイチからやり直せそうなら、赦してあげてもいいのではないかと思うのです。

そうすることによってはじめて、互いに問題を乗り越え、末永く一緒に暮らしていくことができるように思います。

23

正しい道を貫き通すための態度

一心不乱になる

心が惑わされるようなことがあったとしても、目を閉じて頭の中を空っぽにし、精神を集中させることに注力すれば、迷わず正しい道を貫き通すことができる。

「一心不乱に」といえば、何を思い浮かべますか。「祈る」でしょうか。「勉強する」でしょうか。多くの人が、とにかく精神を集中させて一生懸命やっている様子を思い浮かべられることと思います。

日本思想でいうと、「一心不乱」とは、もともと仏教の念仏を唱える際に使われる用語のようです。そうして精神を集中させることで、悟りを開くことができるのです。

このように、一心不乱になるという言葉を精神統一の文脈で理解すると、日本人の思想としてとてもふさわしいように思えてきます。

日本人は精神を集中することに長《た》けている

というのも、日本人はさまざまな分野において、精神を集中させることに注力してきたからです。剣道のような武道もそうですし、茶道や華道などの伝統芸能もそうです。

たとえば、茶道でお茶をたてることを意味する「点前《てまえ》」という言葉は、文字通り目の前の一点に集中することを表しています。

派手な動きや豪快な動きは西洋のほうが上でも、集中力だけは日本が優《まさ》っているといってもいいのではないでしょうか。そしてこの一心不乱になるという態度は、思考法そのものでもあるのです。

さまざまな情報があったり、心が惑わされるようなことがあったとしても、一心不乱になることで正しい道を貫き通す。常にそう心がけることができれば、これほど強いことはありません。

言い換えると、一心不乱になるというのは、迷わず正しい道を貫き通すという態度にほかなりません。

そういうと、日々加速する時代の流れに惑わされることなく、何百年もの間、かたくなに伝統を貫く職人や匠《たくみ》の姿を思い浮かべる人もいることでしょう。

たしかに、こうした職人や匠が日本の伝統を支え、日本を日本らしく保ってくれているのは間違いありません。何事においても、はやりに惑わされず、一心不乱に前に進むことが大切なのです。

なかなか集中力が保てないときは

とはいえ、そうすることがそもそも難しいという人も多いでしょう。私も日々自分の集中力と戦っているのでよくわかります。今の時代はスマートフォンやインターネットなど、集中力にとって強力な敵が身近に存在しますから。

気がつけばネットサーフィンばかり、なんて人も結構いるのでは？

そのような人に私がお勧めするのは、禅風集中法です。

禅といっても、本格的に修行したり、坐禅を組めというわけではありません。あくまで禅風です。たしかに道元《どうげん》が実践した只管打坐《しかんたざ》は、ひたすら坐禅を組むことで、無我の境地に至るというものでした。しかし、それは何も坐禅によってのみもたらされるものではないのです。

いや、悟りと同義の無我の境地に至るには、坐禅が必要なのかもしれません。でも、私たちが精神を集中させるには、そこまでやらなくても大丈夫でしょう。目を閉じて、ほんの少しの間、頭の中を空っぽにするだけで十分なのです。

そうすると、不思議なことに集中力が戻ってきます。心は、何かでいっぱいになると、逃げ出したくなります。それで頭がネット上のサーフィンに出かけたくなるのです。とするならば、頭を空にしてやれば、別に逃げ出す必要はなくなるわけです。

こうして集中力を維持できるようになれば、おのずと物事に一心不乱に取り組めるようになります。その結果として、正しい道を貫き通すことができるのです。

これは、ズボラな人が物事に一心不乱になれるようにするのにも役立つ方法です。なぜなら、ズボラな人というのは、往々にして集中力のない人だからです。ひとつのことに集中しないから、いい加減になるのです。

自分はズボラだなと自覚している人も、ぜひ目を閉じて頭の中を空っぽにしてみてください。

24

惹《ひ》きつけるための技《わざ》

秘する

相手に振り向いてもらうには、ぐいぐいアピールするのではなく、あえて一歩引いて惹きつけることが大切。チョイ見せ、寸止めが長くホットな関係を保つコツ。

《秘する》というと、世阿弥《ぜあみ》が記した日本最古の演劇論『風姿花伝《ふうしかでん》』の中に出てくる「秘すれば花なり、秘せずば花なるべからず」というフレーズを想起します。

これはすべてを見せずに、意外性によって観客を感動させるのがいいというような意味です。能は、観客のまなざしと演者との緊張関係の中で成り立つ芸能です。

ですので、演者の主観が強すぎてはいけません。逆に観客に迎合しすぎても、演技は破たんしてしまいます。その微妙な関係性の中で成立するのが花にほかなりません。

その花をいかにうまく見せるか。これは、何事にも当てはめることができるのではないでしょうか。

うまく秘することで人を惹きつける。それが秘するという思考法の意義です。

たとえば、面接のシーン。初対面の人と話すのが苦手な人は、面接が苦手です。自分のことを知らない人に対して、どう自分を表現していいかがわからないからです。

面接というのは、自分をしっかりと表現し、惹きつけることができなければ失敗です。

自分をさらけ出さなくていい場面もある

そこでうまく「秘する」という思考が役に立ちます。つまり、別に目立つ必要はないのです。職種にもよりますが、面接で主張しすぎる人も敬遠されます。だからといって、ただ受動的にうなずくだけでも評価されません。

魅力的な人だと思わせるには、世阿弥がいうように、その間の微妙な雰囲気を醸し出すことです。そうすれば、華のある人だなと思われるのです。もちろんこの場合の華は、華やかだとか美しいという意味ではなく、秘すれば花の花です。

恋愛もそうでしょう。相手の心を惹きつけ、そしてそれをいつまでも継続し続けるには、秘する思考が必要なのです。自分を全部さらけ出してしまってはいけません。相手が気になる程度にちらっと見せるのです。チョイ見せです。

映画の予告は、なぜおもしろそうに感じるのか。それはちょっと見せるだけだからです。だから残りが気になるのです。あらすじをすべて見せられたら、もうそれ以上見る気はしないでしょう。

映画の予告には、秘するという思想のある種、大事な要素が反映されているように思います。

映画の予告で秘されているのは、意外な部分です。ストーリーの意外な展開や、意外なエンディング。そんなサプライズを期待して、人々は映画館に足を運びます。だからそれがないと、がっかりするのです。

チョイ見せ、寸止めで特別感を出す

つまり、秘するということは、その背後にサプライズがあるということです。いや、ないかもしれないけれど、チョイ見せによって、少なくともそれがあると思わせるのが秘するという行為なのです。

せっかくサプライズがあるのに、あらかじめそんなものないだろうと思われてしまうのは、最悪の事態です。面接でそう思われると、もう採用してもらえませんし、恋愛でも付き合ってもらえないでしょう。

かといって本当にサプライズを出してしまっていいかどうかは問題です。サプライズを出すことで、今後も期待してもらえるという効果はあるかもしれませんが、それは相当のプレッシャーになります。

そもそも人は、より強い刺激を求める生き物ですから、次はもっとすごいサプライズを期待するでしょう。

それに、もしサプライズがもうないなら、その時点で魅力を失ってしまうことにもなりかねません。それ以上、人を惹きつけ続けることができないということです。これは恋愛でよくある話です。したがって、惹きつけ続けたいなら、秘し続けることです。

永遠の〝寸止め〟。

そのほうが本当にサプライズを出してしまうより、永遠に魅力的でいられるのです。人生にネタバレは不要なのです。

25

強欲にならないための知恵

恐れる

自然など、大きな存在に対して畏怖《いふ》の意識を持つことで、強欲にならず、浪費や暴飲暴食をおさえることができる。

日本人は、比較的欲が少ないといわれます。

たしかに戦前は帝国主義化しましたが、あれが日本人の本質だとはいえないでしょう。どちらかというと、小さな島国で粗食で満足し、自然と一体化しながらつましく生きているのが本来の姿ではないでしょうか。

では、なぜ強欲にならないのか。私は柳田國男の『遠野物語』にそのヒントを見ています。この本は、民俗学者の柳田が、現在の岩手県遠野市に伝わる伝承をまとめて出版したものです。

この作品には、日本人が超自然的な現象に恐れを抱きながら生きてきた姿が描かれています。そこからわかるのは、人々が欲を出しすぎると、よくないことが起こると信じていた様子です。おそらくそれは、強欲にならないための知恵だったのではないでしょうか。その意味で、恐れるということは、強欲を避けるための思考法だといっていいように思うのです。

たとえば、ザシキワラシの伝承です。お金持ちの家には、小さな子どものような姿をしたザシキワラシが住むといいます。そしてそのザシキワラシが出ていくと、その家は滅びるのです。

いったいなぜこのような言い伝えがあるのか。あくまで推測ですが、きっとお金持ちの家では、自分たちを戒《いまし》めるためにそんなことをいいだしたのではないでしょうか。欲を出しすぎると滅んでしまうと。

実際に、滅んだ家もあるというから恐ろしい話ですが、柳田の目的はまさにここにありました。『遠野物語』の序文で、柳田は「平地人を戦慄《せんりつ》せしめよ」と謳っています。つまり、山の人たちの考え方を知って、恐れよというのです。

恐れることによって戒められる

もちろん、ただ恐れさせればいいというお化けの話とは異なります。ザシキワラシの話からもそう感じられるように、恐れることによって自らを戒めよということです。日本人が比較的強欲でないのは、そんな伝承や昔話がほかにもたくさんあるからかもしれません。

そしてそれを聞いて育ってきたからではないでしょうか。現に日本昔話は国民が共有する物語であり、道徳にもなっています。

たとえば、現代人が恐れなければならないのは、カードの使いすぎではないでしょうか。よく残高を気にせずカードを使ったり、いくらでもキャッシングができると思っている人がいますが、結局後で支払いに困るのは自分です。

そういう人には何らかの戒めが必要です。お金が返せなくなって、怖い人に取り立てられるとか、社会的信用を失うとかといった。

あるいは、タバコやお酒もそうです。タバコの吸いすぎやお酒の飲みすぎは、健康を害することになります。こうしたことは人から戒められないと、なかなか自分では節制できないものです。それでも忠告に耳を貸さない人が多いですが、医師から真剣に警告されたら少しは聞くのではないでしょうか。

さすがに覚せい剤などの違法薬物の使用については、違法であることもあって、戒めるための恐ろしいＣＭやポスターがあります。今でも印象に残っているのは、「覚せい剤やめますか？　それとも人間やめますか？」という、民放連が製作した麻薬撲滅啓蒙テレビＣＭの恐ろしいコピーです。

これは子どもの時に聞いて、背筋がぞくっとしたのを覚えています。恐れるということは、欲を抑えるための方法であり、思想なのです。『遠野物語』は田舎でつましい生活を送っていた人たちが、欲を出さないように自分たちを戒めるための思想を集めたものだといっても過言ではないでしょう。

カード大国アメリカに比べるとましですが、それでもカードで買い物をしすぎる人やキャッシングをしすぎる人は、もっと恐れることが必要なのだと思います。

いわば自分バージョンの『遠野物語』を頭の中で想定するようにすればいいのです。自分が怖いと恐れることのできる程度の結末を想定するのです。

たとえば、借金の返済ができなくなって、社会的信用を失い、仕事もクビに。その結果、家族が路頭に迷い、一家無理心中……。ちょっと怖いですが、これくらいでないといけません。

自動車教習所で見せられる事故のビデオは、まさにこんな感じです。だからみな、安全運転しようと思うのでしょう。「自らを戦慄せしめよ」です。まずは、そんな視点で『遠野物語』を読んでみるというのもいいかもしれません。

第五章

思い描く将来を実現したいときに

26

物事を実現するための第一歩

唱える

願望を口に出してみることは、ひとりよがりな行為に思われるかもしれないが、実は実現への第一歩。考えていること、こうなってほしい将来について、SNSで積極的に発信してみよう。

日本人は長らく文字を持たなかったといいます。だからでしょうか、音を出して唱えることに優れているように思います。

和辻哲郎《わつじてつろう》は、日本では論理文よりも歌が発展してきたと論じています。それは単に、言葉が歌向きだったからというだけではなく、音を出すことに長けていたからではないでしょうか。

その特性は、もちろん文字を持ってからも生かされます。霊としての「もの」の気配を感じて、それを語る。これが日本の物語です。ですから、文字があって物語が紡《つむ》ぎだされるのではなく、音があって、それが文字になるのです。たとえば『平家物語』は語り継がれることで成立したといいます。

日本語はオノマトペ、つまり擬態語が発達しているといわれます。まさにそれは音を重視しているからです。漫画の擬態語もユニークで、音にあった文字が生み出されています。恐怖の叫び声を表現するときは、震えたようなギザギザの書体を使うというように。

また、日本人は言葉を唱えるのが好きです。これには仏教も強く影響しています。

年配の方の中には、口癖のように「南無阿弥陀仏《なむあみだぶつ》」と唱えている人もいるくらいです。日蓮宗では「南無妙法蓮華経《なむみょうほうれんげきょう》」と唱えることを唱題といいます。彼らはそれを唱えるだけで救われると信じています。だから唱えるのでしょうが、それに加えてやはり唱えるのが心地いいのだと思います。

唱えることで物事がかなう

仏教の文脈を超えて、これが日本の思想だとすると、唱えて物事をかなえようというのはなかなかおもしろい発想だといえます。

最近の文脈だと、お経というよりネットでのつぶやきが、ある意味で唱えるということの実践になっているように思います。

ツイッターなどは、コミュニケーションではなく、つぶやくという行為をするのが目的ですから、現代版唱題といっても過言ではありません。

「政治がもっとよくならないかなぁ」とか「もっと成功したい」といったつぶやきは、唱えることで物事を実現しようとするための第一歩なのです。

ただ、ネットでのつぶやきが多くなると、ひとりよがりになっていっているのではないかという心配はあるかもしれません。たしかに、誰かとの双方向のコミュニケーションでない限り、その可能性はあります。

でも、誰かが見ている場所でつぶやく限り、必ず何らかの反応があるものです。SNSは、あくまでもメディアなので、単に閉じられた世界で一人つぶやいているわけではありません。これがもし誰もいない場所で、誰にも聞かれることなくつぶやいているだけなら話は別ですが……。

SNSのスタンプだって「唱える」行為

あるいは、FacebookやLINEのやりとりにスタンプを多用しているのを見ると、もはやつぶやきですらないようにも思えるかもしれません。
手紙や年賀状も書かない、本も新聞も読まないといった、いわば言葉が失われていく時代を生きる私たちにとっては、唱えること自体が曖昧《あいまい》になってきているようにも思えるのです。

しかし、これも考えようによっては、言葉で唱えるという営みから、絵文字や音声、画像といった別のメディアで唱えるという形に変化しているだけだととらえれば、何ら変わっていないといえます。

形はどうでもいいのです。大切なのは思いや願いを発信することです。誰かに見える場所に。

リアルの場でもネットでも関係ありません。絵でも言葉でもなんでもいいのです。思いを唱えなければ、物事はそもそも実現するきっかけすら持ち得ないのですから。

主婦のつぶやきが新しい制度をつくることにつながったり、若者のつぶやきが革命につながったりする時代です。まずは唱えることから始めましょう。

27

クリエイティブになるための行為

うつろう

想像を膨らませよう。「こんなことはあり得ない」「ばかげている」というようなことの羅列の中に、クリエイティブなヒントが隠されている。

「うつろう」という言葉はあまり日常では使わないかもしれません。うつろうとは、移り変わっていくということなのですが、日本では物理的な移動だけでなく、実にさまざまな状況を描写する際に使われてきました。たとえば、心が変わってしまうこと、物事が次第に衰えていくこと、色が変わっていく様子、あるいは花が散る様子まで。

とにかく、今と違う状況になってしまうことを指すようです。しかもどちらかというと、それを仕方ないものととらえているようなニュアンスがうかがえます。

仏教でいう無常観《むじょうかん》に近いかもしれません。世の中は移り変わっていくものであり、それはどうしようもないことだという悟りです。

日本研究家のドナルド・キーンが、戦後70年を記念したNHKの番組で、日本人の特徴として「曖昧《あいまい》（余情）」「はかなさへの共感」「礼儀正しい」「清潔」「よく働く」という五つを挙げていました。

最初の二つ「曖昧」や「はかなさへの共感」というのは、まさにこのうつろいを別の形で表現したものではないでしょうか。

実際、キーンは、はかなさの例として、源義経のように最初はうまくいくけれども、やがてダメになってしまう英雄を挙げています。その人間としての弱さに同情するというのです。

ただ、だからといって何もかもが必ずしも悪い方向に移り変わっていくというわけではありません。

『平家物語』が描いた栄枯盛衰《えいこせいすい》は、栄華を極めた平家もやがては落ちぶれてしまったという文脈で語られます。しかし、平家を破った源氏にしてみれば、義朝の死後、頼朝はとらわれの身から見事、鎌倉幕府を打ち立てたのですから、世の中全体としてみれば同じだといえるでしょう。

この点、日本文化研究者の松岡正剛《まつおかせいごう》氏は、現実を意味する「ウツツ」から非現実に移動することを「ウツロイ」ととらえています。この見方はとても面白いと思います。そうすると、うつろうという行為が創造的な営みになるように思われるからです。

うつろうことが創作の源になる

日本の漫画やアニメは世界で高く評価されています。たとえばアメリカのコミックには、スーパーマンに象徴されるような勧善懲悪《かんぜんちょうあく》の単純なストーリーが多いのに対し、日本の場合、実にクリエイティブで不思議な世界を構築し得ているからです。

そんな創造的な仕事の背景に、非現実へと移動する「うつろう」という思考が横たわっているように思えてならないのです。

私もフィクションを書いているのでわかりますが、物語世界というのは、現実を見てそこから非現実へと心を移動させることなしには生み出しえません。

まるで夢でも見るように、想像を膨らませて心をうつろわせていく。

アニメや漫画に限らず、これは合理的思考一本やりの西洋にはない日本独自の思考法であるといっていいのではないでしょうか。

アイディアが出てこないときは

ありがちなことしか思い浮かばず、いいアイディアがまったく出てこないという人は、ぜひ心をうつろわせることをお勧めします。

簡単にいうとそれは、非現実的なことを想像するということです。四角四面な性格の人は、なかなか非現実的な想像をするのが難しいかもしれません。でもそうであるなら、逆に「こんなことはあり得ない」、「ばかげている」というようなことを羅列すればいいのです。

そのうえで、もし仮にそのあり得ないこと、ばかげたことが起こったとしたらどうなるか考えてみればいいのです。

クリエイティブになるには、まず自分の殻を破るのが先決です。

自分の中の当たり前を転換する。そうしてはじめて、うつろうことが可能になるのです。

28

妥協しないための粘り強さ

凝《こ》る

好きなものには妥協せず、とことんこだわる。徹底的にこだわることで愛着がわき、ひとつの才能に成長する。そんなオタク精神は、クール・ジャパンをけん引する。

日本人は器用だといわれます。でも、最初から器用なのではなくて、器用になるのだと思います。

というのも、日本人は何事にも凝るからです。凝ると手の込んだことをする必要が生じ、必然的に器用になっていくのです。

伝統工芸をはじめ日本のものづくりは、非常に精巧で手が込んでいます。その長い歴史の中で私たちは器用になっていったのでしょう。

ではなぜそんなに凝るのか？

これは単純に考えればわかると思います。私たちが何かに凝るときというのは、その対象を愛好しているときではないでしょうか。何かを好きになると、人はこだわる。風流なこだわりを「数寄《すき》」といいますが、「数寄」と「好き」は同じ語源でもあります。

オタクは現代版の数寄者《すきしゃ》

数寄者といえば、芸道に執心な人のことをいうのですが、ある意味で偏執的にこだわる人だともいえます。いわば現代のオタクと同じです。

オタクはもともと、自分の趣味の領域に凝る人を指す言葉でした。とりわけアニメや漫画に凝る人がそう呼ばれます。

だからそんなオタクが、ものづくりの作り手のほうに回ると、精巧なフィギュアをつくったり、凝ったアニメをつくったりするようになるのです。

かつては根暗な人、ちょっと変わった人として蔑視《けいし》されていたオタクが、今やクール・ジャパンをけん引する時代の寵児《ちょうじ》のような扱いを受けているのは、実は当然のことなのです。日本の伝統芸能を支えてきたのは、オタクと同じく、偏執的なまでに芸道にこだわる数寄者たちだったのですから。

今やオタクは、あたかも文化の担い手を意味するかのような誉め言葉になっているといっても過言ではありません。

さて、こうして物事に凝ると当然いいものができるわけですが、メリットはそれにとどまりません。凝ることで根気が養われるのです。そもそも粘り強くないと、凝るのは難しいでしょう。

決して妥協しないという根気もまた、日本人の特徴のひとつです。それは物事に凝るという性質と互いに密接に関連しています。凝るために粘る、粘るから凝ることができるのです。

凝る対象は特別なものでなくていい

もちろん、すべての日本人がそうだとはいいません。ルーティンばかりで毎日に変化がなく、凝るものがまったく見あたらないという声もよく聞くからです。

仕事と家の往復で休日は寝てばかりだとか、趣味がないという人もいるでしょう。そういう人は、ぜひ発想の転換をしてみてください。つまり、凝れるものを新たに探すのではなく、まさに今やっていることに凝るのです。

凝るものは別に、趣味などの特別なものである必要はまったくありません。仕事でも家事でもなんでもいいのです。どうせやらないといけないことに凝る。そうすることで、いい結果が出るようになります。時間や手間暇をかけるわけですから。いい結果が出れば、誰かが評価してくれます。

こうなるともうやめられません。

誰だって評価されるとうれしいでしょう。となると、なかなか妥協できなくなります。おまけに凝ることで根気よくもなります。こうしていつの間にか、妥協しないための凝る思想を実践することになるのです。

仕事や家事に愛着の持てない人も心配いりません。なんでも凝りはじめると、愛着がわいてきますから。仕事や家事といっても漠然としていますが、その中の何かひとつでいいのです。

たとえば、仕事の中のほんのひとつのプロセスだとか、家事の中のほんの一部で十分です。書類のファイリングの仕方や食器の並べ方程度でもよいでしょう。日本式の片づけの方法を紹介した本が、世界的ベストセラーになるのですから。

凝ればなんでも高く評価される可能性があるはず。むしろ誰もやっていないニッチなものほど凝りがいがあるのです。

29

質の高いものを生み出すための努力

繰り返す

質の高いものを生み出したり、物事に熟練して上達するためには、反復が不可欠。仕事で評価されない人は、反復が足りていない。平凡な仕事も、日々の努力次第で芸術家の仕事に匹敵する。

日本人のものづくりには、定評があります。伝統的な陶器からハイテク商品に至るまで。いずれもクオリティが高く、長持ちするといわれます。その秘けつは何度も同じ作業を繰り返す点にあるように思います。

そういえば、刀をつくるシーンを見たことがあるのですが、熱してはたたくという作業を何度も繰り返していました。あの反復が丈夫な刀をつくり上げているのです。

伝統産業だけではありません。私たちが日常に使うような生活用具もそうです。

昭和初期に活躍した思想家、柳宗悦《やなぎむねよし》は著書『雑器の美』の中で、まさにそんな日用品の優れた機能性と美について論じています。

雑器とは、日常の暮らしの中で実用に供されている雑多な器のことにほかなりません。民芸、つまり民衆工芸の価値を高めるための民芸運動を始めるにあたり、柳はこの雑器の美を象徴的なものとして取り上げたのです。

そこで強調されているのは、《反復の意義》にほかなりません。「反復は熟達の母である。多くの需要は多くの供給を招き、多くの製作は限りなき反復を求める。反復はついに技術を完了の域に誘《いざな》う」――柳はこのようにいっています。

物事に熟練して上達するためには、反復が不可欠なのです。そうして粘り強く同じ動作を繰り返すことで、高い質を生み出すわけです。おもしろいのは、それによって人は自由を獲得すると柳がいっている点です。

何度も同じ動作を繰り返しているうちに、あたかも手が勝手に動いているかのように思えてきます。その状態を自由と呼ぶのです。だから、笑いながらでもそんな離れ業《わざ》をこなせるのだと。

たしかに職人は、ものすごい速さで離れ業をやってのけます。しかも笑って言葉を発しながら。以前見たテレビで、日本の左官職人のことをアメリカ人が次のように形容していたのが印象的でした。まるでバレエを踊っているようだと。実際、彼らはそれだけ美しく、自然な動きで物をつくることができるのです。しかも完ぺきに。

私たちだって物をつくるとき、何度も作り直しているうちにうまくなっていくものです。工作でも粘土でも、誰しも経験があるのではないでしょうか。あるいはもっと日常的な物でも同じです。料理や髪型のセットもそうでしょう。ノートをきれいにとるとか、パソコンで資料をつくるのもそうです。

反復は結果に結びつく

「反復は熟達の母である」というのは、すべてのことに当てはまります。そう考えると、仕事で評価されない人は、反復が足りないのだといっていいかもしれません。

同じことを何度も繰り返し、手足や口、そして頭が勝手に動き出す域に達すれば、おのずと評価されるようになるのではないでしょうか。つまり、熟達は結果に結びつくのです。

私は日ごろ、大学で講義をしているのですが、私の授業もそうです。準備してきたレジュメを見ながらたどたどしく話しているうちは、学生たちはいい評価をしてくれません。

ところが、同じ授業を何度かやって、何も見ることなくすらすら話せるようになると、自然にクラスの雰囲気がよくなってきます。拍手さえ起こることがあります。これは落語みたいなものです。何度も練習して完全に自分のものになったときはじめて、プロの芸になるのです。

大変なように聞こえるかもしれませんが、ある意味では救いがあります。なぜなら、常に新しいものを生み出さなければならないのとは違って、「同じことを続ける」、つまり努力次第でなんとでもなるわけですから。

ここが芸術家と職人の違いです。この世にひとつしかない名作をつくる芸術には、卓越した才能が求められます。これは努力だけではいかんともしがたいものです。

これに対して、日常使うものに求められるのは、努力のみです。しかも、ただ反復するだけでいい。そうやって完成したものは、芸術作品に勝るとも劣らない高い質を誇りうるのです。

言い換えると、私たちが普段やっている仕事も、日々の努力次第で芸術家の仕事に匹敵する称賛を浴びる可能性があるということです。

30

プロフェッショナルの思想

覚悟する

納得できる結果を出したいのであれば、「これで死んでも構わない」というくらい、真剣に物事に取り組んでみること。そうしてこそ、真のプロフェッショナルになれる。

日本人のアスリートは、しばしばサムライと表現されます。野球の日本代表も「侍ジャパン」という呼称です。

少し前の話になりますが、２０１６年のリオ五輪の陸上男子４００メートルリレーでも、日本チームのサムライポーズが話題となりました。海外の選手に比べて、サムライの精神が強く出ているからでしょう。一言でいうと、それは覚悟ができているということだと思います。戦い抜く覚悟です。

江戸時代の佐賀藩士・山本常朝《やまもとじょうちょう》の名著『葉隠《はがくれ》』は、そんなサムライ、つまり武士の覚悟を表現した思想書だということができます。

たとえば、そこには「死にもの狂い」という表現が出てきます。これは「死をも覚悟してやるから全力が出せる」ということにほかなりません。つまり、「覚悟する」という思考こそが、勝利をもたらすのです。

もちろん、今の日本では日常的に戦があるわけではありません。幸い戦争に行くという感覚もないでしょう。少なくとも今のところは。

そうなると、死を覚悟してまで何かに打ち込むというのは、なかなかイメージしにくいかもしれません。

しかし、本当のプロというのは、たとえそれが本来、死とは無関係の事柄であっても、必死になってやって、仮にそのせいでそこで命を落とすことになっても仕方ないと思っているのではないでしょうか。

以前、たまたまテレビのドキュメンタリーで、大道芸人のギリヤーク尼ヶ崎さんを特集しているのを見ました。じょんがらにのせて踊り狂う「念仏じょんがら」で有名な大道芸人です。

当時86歳という高齢に加え、パーキンソン病を患っておられることから、ギリヤークさんは、自分で立つのもおぼつかない生活を余儀なくされていました。にもかかわらず、まだ年に一度の大きな公演に出ようとされていたのです。

家族も周囲の人たちも、無理だろうと思っていました。ところが、ペースメーカーを入れ、コルセットを巻き、車いすで登場しながらも、ギリヤークさんは、本番が始まると自分で立ち上がって踊り狂ったのです。

その姿は実に感動的で、多くの人が感銘を受けていました。ブラウン管越しに見ていた私も。そこには、文字通り〝死に物狂い〟で踊るひとりの人間の姿があったからです。

実際、ギリヤークさんは、その大きな公演の前にこういっていました。大道芸をやりながら街頭で死にたいと。その覚悟が、あの奇跡的な公演の成功につながったのでしょう。ちなみにギリヤークさんは90歳になった今も執念の踊りを続けておられます。

プロフェッショナルとは、覚悟を決めた人

プロというのは、おそらくそういう態度のことをいうのではないでしょうか。すべてをかけてやるということです。何事もうまくいかないという人がいますが、はたしてどれだけ覚悟してやれているか。かくいう私もそうです。うまくいかないときは、やはり覚悟が足りていないのです。いい加減になっているということです。

少なくとも、誰もが自分の仕事に関してはプロなのですから、もっと必死になってやってもいいのかもしれません。逆にいうと、仕事に限らずなんでも、自分が納得する結果を出したいのであれば、覚悟してやればいいのです。資格試験でもダイエットでも恋愛でもそうです。

問題はどうすれば覚悟が決められるのか、です。いかにして、覚悟のスイッチを入れるか。それが死を意識することだと思うのです。いや、正確にいうと死で終わるこの生を意識することだと思うのです。

生と死は表裏一体の関係にあります。つまり、生とは有限なものなのです。いつ終わるかもしれないこの人生、その前に高齢になって思うように体が動かなくなるかもしれないこの人生において、悔いのない毎日を送るためには、今、必死になってやるよりほかありません。この生と死について考えることが、覚悟のスイッチを入れるきっかけになるように思うのです。

今自分がやりたいこと、やれることは、いったいいつまでできるか考えてみてください。そう考えただけで、私も先ほどまでの眠気と疲れがどこかに吹き飛び、アドレナリンが出てきました。どうやらスイッチが入ったようです。

おわりに

コロナ禍にあえて日本の思想を顧みる意味

本書の元になる本が出版されてから、わずか3年です。普通であればそんなわずかな時間しか経っていないのに、わざわざ新装版として出版する意味があるのだろうかと自問することでしょう。

しかし、その後起こった新型コロナウイルスによるパンデミックは、世界を大きく変えてしまいました。それ以前に発された言説は、いくらいいものであったとしても、もはやコロナ後という文脈を意識することなしには、なんのリアリティも持たなくなってしまったのです。

だからこそ本書は、再度コロナ後の文脈の中で発されなければならなかったのです。日本の思想、美しく生きるためのヒントが、コロナ後の文脈においても妥当することを改めて提示するために。

今皆さんは、長期化するコロナ禍において、何をすべきなのか、そしてまた何ができるのか日々自問していることと思います。かくいう私もそうです。そんな中でふと気づいたのは、これまで通り生きるということの素晴らしさです。世の中が突然大きく変わったとしても、人間が急に変われるわけではありません。私たちにできるのは、今まで通りやってきたことをきちんとこなすことだけです。決してうろたえることなく。

日本人にとっては、たとえばそれは待つということであり、間をとるということであり、唱えるということにほかなりません。そうした普段の何気ない行いが、奇しくも新型コロナウイルスがもたらしたパンデミックの世の中においても、そのまま役に立つ立ち居振る舞いになっているのです。

おそらく日本人は、これまでも自然の荒波の中で、いかにしなやかに生き延びるかということを模索しつつ、この数千年の時間を抗い続けてきたのではないでしょうか。実際、本書で触れた30の日本の言葉、思想を顧みる時、あらためてその強靭さに驚かされます。

コロナ禍はいつまで続くのか、いまだ先が見通せません。ただ、少なくともいえるのは、日本人がこうした美しく生きるための言葉を持ち続ける限り、生への喜びをあきらめることはないだろうということです。どんな状況になろうと、私たちは凛として生き続けるに違いありません。いつかこの切実なあとがきの言葉さえ、笑える日が来くるのを願ってやみません。

国内初の緊急事態宣言から1年が経った日に　小川仁志

◆主な引用・参考文献　※順不同

『菊と刀』ルース・ベネディクト著、長谷川松治訳／社会思想社
『「いき」の構造』九鬼周造／岩波書店
『梁塵秘抄』後白河法皇編、佐佐木信綱校訂／岩波書店
『出定後語』富永仲基／隆文館
『日本の思想』丸山眞男／岩波書店
『家康教訓録』清水橘村／日高有倫堂
『風土』和辻哲郎／岩波書店
『置かれた場所で咲きなさい』渡辺和子／幻冬舎
『弓と禅』オイゲン・ヘリゲル著、稲富栄次郎他訳／福村出版
『喫茶養生記』栄西著、古田紹欽全訳注／講談社
『寺田寅彦随筆集』寺田寅彦著、小宮豊隆編／岩波書店
『倫理学（1）～（4）』和辻哲郎／岩波書店
『型』源了圓／創文社
『紫文要領』本居宣長著、子安宣邦校注／岩波書店
『「甘え」の構造』土居健郎／弘文堂
『西田幾多郎　生きることと哲学』藤田正勝／岩波書店
『風姿花伝』世阿弥著、野上豊一郎他校訂／岩波書店
『遠野物語・山の人生』柳田國男／岩波書店
『日本語と哲学の問題』和辻哲郎／景文館書店
『日本という方法』松岡正剛／NHK出版
『現代日本思想大系〈第30〉民俗の思想』益田勝実編／筑摩書房
『葉隠』山本常朝著、神子侃訳／徳間書店

小川仁志（おがわひとし）。

1970年、京都府生まれ。哲学者・山口大学国際総合科学部教授。京都大学法学部卒、名古屋市立大学大学院博士後期課程修了。博士（人間文化）。商社マン（伊藤忠商事）、フリーター、公務員（名古屋市役所）を経た異色の経歴。徳山工業高等専門学校准教授、米プリンストン大学客員研究員等を経て現職。大学で課題解決のための新しい教育に取り組む傍ら、「哲学カフェ」を主宰するなど、市民のための哲学を実践している。また、テレビをはじめ各種メディアにて哲学の普及にも努めている。NHK・Eテレ「世界の哲学者に人生相談」では指南役を務めた。最近はビジネス向けの哲学研修も多く手がけている。専門は公共哲学。著書も多く、ベストセラーとなった『7日間で突然頭がよくなる本』や『ジブリアニメで哲学する』、『1分間思考法』（いずれもPHP研究所刊）をはじめ、これまでに100冊以上を出版している。YouTube「小川仁志の哲学チャンネル」でも発信中。

日本人がよく使う何気ない言葉には、「美しい生き方のヒント」が隠されている。

発行日　2021年5月21日　第1刷

著者　小川仁志

本書プロジェクトチーム
編集統括　柿内尚文
編集担当　村上芳子、多湖元毅
デザイン　山之口正和＋沢田幸平（OKIKATA）
イラスト　北川ともあき
校正　中山祐子

営業統括　丸山敏生
営業推進　増尾友裕、藤野茉友、綱脇愛、大原桂子、桐山敦子、矢部愛、
寺内未来子
販売促進　池田孝一郎、石井耕平、熊切絵理、菊山清佳、吉村寿美子、矢橋寛子、
遠藤真知子、森田真紀、大村かおり、高垣知子
プロモーション　山田美恵、林屋成一郎
講演・マネジメント事業　斎藤和佳、志水公美

編集　小林英史、舘瑞恵、栗田亘、大住兼正、菊地貴広
メディア開発　池田剛、中山景、中村悟志、長野太介
管理部　八木宏之、早坂裕子、生越こずえ、名児耶美咲、金井昭彦
マネジメント　坂下毅
発行人　高橋克佳

発行所　株式会社アスコム

〒105-0003
東京都港区西新橋2-23-1　3東洋海事ビル
編集部　TEL：03-5425-6627
営業局　TEL：03-5425-6626　FAX：03-5425-6770

印刷・製本　中央精版印刷株式会社

Printed in Japan ISBN 978-4-7762-1133-4

本書は、2017年11月に弊社より発行された
『哲学者が伝えたい 人生に役立つ30の言葉 和の哲学編』を改題し、加筆・修正したものです。